Kobieta

ZAWSZE MŁODA

IRENA WIELOCHA

Kobieta

ZAWSZE MŁODA

JAK NIE PRZEOCZYĆ SZANSY
NA REALIZACJĘ WŁASNYCH MARZEŃ

Spis treści

Wstęp

M oje życie to sekwencje różnorodnych zmian. W każdym okresie byłam kimś innym. Rosłam, dojrzewałam, ewoluowałam. Zmieniał się mój wygląd, zmieniało się moje życie. Pytanie, czy miałam na to wpływ? Owszem, miałam, i to ogromny, ale nie zdawałam sobie z tego sprawy. Jako młoda dziewczyna byłam podatna na wpływ środowiska, w którym żyłam (rodzina, szkoła, podwórko). Czerpałam z tych źródeł dobre i złe wzorce. Potem przyszedł czas, gdy zaczęłam sama decydować, co jest dla mnie dobre, a co nie. Zderzyłam się z odpowiedzialnością za życie swoje i bliskich. Często zapominałam o sobie, zaniedbywałam się, lekceważyłam swoje potrzeby. Żyłam dla innych, dla rodziny.

Takie życie tylko pozornie jest dobre. Żyć dla kogoś to duża rzecz, nie każdego na to stać. Czasami jednak nie ma się wyboru. Tak zostałam wychowana. Przyszedł jednak czas, że brakowało mi sił, wypaliłam się i życie dla innych było już ciężarem.

Odpowiedzialność stała się udręką. Doszłam do wniosku, że dłużej tak nie mogę. Dlaczego? Bo czas płynął szybko, wiedziałam, że go nie zatrzymam. Moje życie stawało się byle jakie, bez perspektyw. Poczułam, że już nie mam wpływu na to, co się wokół mnie dzieje, że nie mogę liczyć na nikogo, że nikt mi ręki nie poda, kiedy będę tego potrzebowała.

Ta świadomość sprawiła, że zaczęłam myśleć, jak to zmienić. Zaczęłam od siebie. Postanowiłam, że spróbuję teraz żyć tylko dla siebie. Nikt o mnie lepiej nie zadba niż ja sama. To w końcu moje życie i muszę wziąć za nie odpowiedzialność.

„Człowiek ma dwa życia, to drugie zaczyna się, gdy uświadomi sobie, że ma jedno" – to słowa Konfucjusza, dzięki którym zrozumiałam, że muszę coś postanowić, by mieć to drugie życie.

Kiedy zastanawiałam się nad tym, co się ze mną dzieje, napisałam taki post: „Zmieniłam siebie i cały mój świat też się zmienił. Poczułam, jak z dnia na dzień staję się coraz młodsza. Niemożliwe? Oczywiście, że możliwe. Niedowiarkom powiem tak: dopóki sami tego nie przeżyjecie, nie uwierzycie.

Prawda jest taka, że życiowa zmiana, jaką sobie zafundowałam, wymaga pracy, cierpliwości, konsekwencji i czasu. No właśnie, czas. Szybko idzie do przodu, można go jednak spowolnić i w ten sposób nad nim zapanować. W moim przypadku trwa to już 12 lat. Tylu lat dobrego życia nie kupi się za żadne pieniądze.

Pierwsze lata wprowadzania zmiany zawsze są trudne, potem z roku na rok jest coraz lżej. Przychodzi w końcu taki moment, kiedy zamiast mordęgi pojawia się przyjemność. Wtedy chcesz więcej i więcej. Zaczyna do ciebie docierać, że tego nowego siebie nie chcesz stracić, nabierasz więc rozpędu, testujesz swoje granice".

I o tym opowiada ta książka.

Życzę Wam, żebyście nie zgubili siebie na żadnym z etapów życia. Zawsze jest czas na zmianę!

1. GÓRSKI PRZEŁOM

To był październik 2009 roku. Wraz ze znajomymi wędrowaliśmy pasmem Gorganów. Wyprawa była związana z sesją popularnonaukową „Rafajłowa – w 95. rocznicę walk II Brygady Legionów Polskich". Zorganizowało ją Towarzystwo Karpackie, którego członkami oboje z mężem jesteśmy.

Schodziliśmy z Przełęczy Legionów do Bystrzycy. Nie było to długie zejście. Cieszyłam się, że jestem w górach, czułam ich zapach, przypomniały mi się młodzieńcze lata. Pogoda – jak to jesienią – była dżdżysta, ale nie przeszkadzała w wędrówce. Włożyłam ubranie przystosowane do górskich wędrówek w każdych warunkach. Tuż przed wyjazdem kupiłam nowy plecak. Na nogach obowiązkowo buty górskie. W żadnym razie nie nowe, ale dawno nieużywane. Z nowości pozwoliłam sobie jeszcze na zakup czerwonej peleryny przeciwdeszczowej i kijków trekkingowych. Tak bardzo cieszyłam się na tę wycieczkę.

Z Przełęczy Legionów (1130 m n.p.m.) weszliśmy na Pantyr (1225 m n.p.m.) – niecałe 100 metrów przewyższenia, 45 minut podejścia. Potem zejście do Bystrzycy.

Szybko poczułam, że brakuje mi oddechu, po czole lał się pot. Zdziwiłam się, że tak szybko zaczyna być trudno.

Pomyślałam, że chyba zapomniałam, jak to jest chodzić po górach. Zaczęłam szybko odstawać od wędrujących kolegów. W naszej grupie był znajomy już po siedemdziesiątce. Szedł wolno, ale równo, nie było po nim widać zmęczenia. Patrzyłam na niego i myślałam o swoich dolegliwościach. Tłumaczyłam sobie, że może szłam za szybko, może nierówno. Próbowałam zebrać się, żeby przetrwać.

Kiedy mąż zauważył, że nie daję rady, dołączył do mnie. Zaczęłam iść z nim wolno, krok za krokiem, jak za dawnych lat. Myślałam, że to pomoże. Okazało się jednak, że wciąż było ciężko iść.

Nawet złość na samą siebie nie dodawała mi skrzydeł. Po drodze musiałam przystawać. W końcu zadyszana, zasapana i spocona osiągnęłam szczyt. Koledzy z naszej grupy już tam na mnie i mojego męża czekali. Do dziś wzdrygam się na myśl, jak głupio się czułam: byłam kulą u nogi całej wycieczki. Starałam się trzymać, by nie było po mnie widać załamania. Odpoczywałam, oddychałam i próbowałam wyglądać na osobę, która daje radę. Mąż pocieszał mnie, że zejście będzie prostsze. A ja wiedziałam, że wcale nie będzie łatwiej. Dotarło do mnie, że nie mam kondycji, że moje nogi nie wytrzymują takiego obciążenia, choć przecież nie niosłam ciężkiego plecaka.

Miałam rację, wędrówka w dół była jeszcze trudniejsza niż wspinanie się na szczyt. Starałam się ukrywać łzy.

Stoimy na grzbiecie Pantyru nad Rafajłową. W końcu zadyszana i zasapana dołączyłam do kolegów. Mąż pocieszał mnie, że zejście będzie prostsze.

Góry Rodniańskie, Rumunia 2007. Każde zejście w górach jest trudniejsze niż podejście. Wiedziałam, że łatwiej nie będzie.

Nogi nie wytrzymywały obciążenia. Mój krok nie był już tak sprężysty jak kiedyś. Bolały mnie palce u nóg, bo źle stawiałam stopy. Pytałam sama siebie: „Czy to możliwe, że moje ciało zapomniało, jak się schodzi?".

Byłam w takim stanie, że nie zwracałam uwagi na to, co się wokół mnie dzieje. Nie interesowało mnie to, czy ktoś na mnie poczeka, czy przeze mnie będzie opóźnienie w zejściu. Najchętniej bym zrezygnowała z dalszej wędrówki. Nie było to jednak możliwe. Miałam tak mało sił, że tę resztkę, którą byłam w stanie z siebie wykrzesać, wykorzystałam na to, by dotrwać do końca drogi.

Byłam przerażona stanem moich palców u stóp. Nie mogłam zapanować nad bólem i nie umiałam znaleźć sposobu, jak odciążyć palce i stawiać nogi tak, żeby nic nie bolało. Łydki i uda też dawały mi popalić.

Zeszliśmy z gór, została tylko droga do kwatery. Powinnam się cieszyć, a ja byłam sparaliżowana strachem, że stało się coś, czego nie przewidywałam. W głowie kołatały mi straszne myśli. To już koniec? Więcej i lepiej nie będzie? Przyszedł taki dzień, że góry mnie pokonały? Przestraszyłam się, gdy dotarło do mnie, że to może być moja ostatnia górska wyprawa, że moje ciało nigdy nie wejdzie już na szczyt, że nie dotknę stopą górskiego szlaku. Wściekłam się. Szłam resztką sił i mówiłam do siebie:

„Tak być nie może, muszę coś ze sobą zrobić". Pierwsza myśl, jaka przyszła mi do głowy? Pójdę na siłownię i za rok góry będą moje.

Z górami jest tak, że jeżeli nie masz siły iść, to gór nie ma. To żadna przyjemność, gdy cała uwaga skupia się na zmęczeniu i bólu nóg czy ramion.

Dopadło mnie pytanie, czy to już starość. Przecież miałam dopiero 57 lat! A może „już" 57 lat? Skąd ta niepełnosprawność, niemożność pokonania własnych słabości? Wiedziałam, że jeśli nie zrobię czegoś, co przywróci mi siłę i kondycję, mogę położyć się i powoli umierać. Do kwatery doszłam z postanowieniem, że nie odpuszczę i zawalczę o siebie.

Wieczór osłodził mi nieco górską porażkę. Była wspólna kolacja, a ponieważ to był już ostatni dzień naszego pobytu, a my z mężem mieliśmy rocznicę ślubu, były wino i tańce. Ale najważniejsze, że miałam plan na najbliższą przyszłość. Wróciły dobre samopoczucie i uśmiech, a zmęczenie i ból minęły.

I tak pozornie najgorsza w życiu wędrówka okazała się wyprawą po nowe życie.

Po powrocie z wycieczki w Karpaty postanowiłam pójść na siłownię w pobliżu mojego miejsca zamieszkania. Kilkanaście lat wcześniej leczyłam tam ból mięśni karku.

Kark od dawna dawał mi popalić, nie pomogła nawet zlecona w przychodni rehabilitacja. Wyciszałam ból mięśniowy

Beskid Niski 2007. Czasem w górach, gdy było ciężko, przychodziła mi do głowy myśl, kiedy góry staną się dla mnie niedostępne.

Bieszczady 2022. Wiedziałam, że nie mogę się poddać.
Okazało się, że dałam radę.

lekami przeciwbólowymi, ale zdawałam sobie sprawę, że to nie jest droga do wyleczenia przyczyn dolegliwości. W końcu uczepiłam się tego, co mi podpowiedział lekarz – trzeba ćwiczyć. Po miesiącu spędzonym na siłowni ból zniknął, a wraz z nim moja motywacja do ćwiczeń. Nie boli, nie trzeba się ruszać – uznałam. I odpuściłam sobie ćwiczenia.

Chciałam, by tym razem było inaczej…

2. TYŁEM DO LUSTRA

Fatalne doświadczenia z górskiego szlaku sprawiły, że wróciłam na siłownię. Pierwszego treningu po długiej przerwie nie sposób wspominać miło, choć dziś uśmiecham się, gdy myślę o tym przełomowym październikowym czwartku.

W małej sali bez klimatyzacji maszyny do ćwiczeń okupowali mocno napakowani panowie. Strach było na nich patrzeć. Nie ma co ukrywać, że spoglądali na mnie z szyderczymi uśmieszkami. Nie trzeba było być specem od psychologii, żeby w ich spojrzeniach wyczytać pytanie: „A co ta baba tu robi?". Doświadczenie życiowe podpowiadało mi jednak, że w takich sytuacjach najlepiej robić swoje. I z uśmiechem (pewnie trochę sztucznym i na wyrost) starałam się ćwiczyć.

Te pierwsze ćwiczenia były nieporadne, ale miałam cel – chciałam poprawić swoją kondycję. Nie tyle schudnąć, ile wrócić w ukochane góry bez rwącego się oddechu i sflaczałych nóg. To prawda, że w tamtych czasach nie byłam zadowolona ze swojego wyglądu. Przeszkadzały mi wałeczki tłuszczu, które opinała sportowa koszulka. Wstydziłam się tego, do jakiego stanu doprowadziłam swoje ciało. Wiele ćwiczeń wykonywałam wówczas tyłem do lustra, żeby na siebie nie patrzeć.

A ćwiczący ze mną panowie? Cóż, to tylko mężczyźni, a nie jacyś herosi. Żaden z nich nie pokazałby się pewnie na siłowni, gdyby wyglądał jak ja wówczas.

Uczyłam się pokonywać tremę. Łatwo nie było. Pomógł mi trener – ważne wsparcie w przypadku każdego rozpoczynającego przygodę z siłownią. Trzeba wiedzieć, jak ćwiczyć, żeby efekty były trwałe i bezpieczne.

Motywacja mnie niosła. Marzyłam jedynie o tym, żeby być w górach, poczuć chłód na wysokości i satysfakcję ze zmęczenia – ale taką bez bólu. Moje góry były takie, jakie pamiętałam z młodzieńczych wypraw. Wierzyłam, że samopoczucie i kondycja z tamtych lat wrócą. Cierpliwie trzy razy w tygodniu wychodziłam na trening. Mąż siadał przed telewizorem, oglądał programy informacyjne, potem jakiś film, a ja myk na siłownię. Czasami nawet nie zauważył, że nie było mnie w domu.

W tamtym czasie już byłam na wcześniejszej emeryturze, ale wciąż jeszcze pracowałam. Całą swoją aktywność pozazawodową przekierowałam na wymarzony urlop z mężem w górach. Chciałam znów jak kozica wchodzić na szczyty i z nich zbiegać.

Tatry Wysokie. Marzyłam, żeby znów być w Tatrach wysoko, żeby widzieć ich piękno i nie czuć bólu i zmęczenia.

Przy takiej determinacji postępy były szybkie. Zauważyłam, że po treningu bez trudu wchodzę na ósme piętro. Ćwiczenia siłowe, które szybko opanowałam, przynosiły wymierne rezultaty. Miałam prawo być z siebie zadowolona. Utrata wagi, która przyszła wraz z rosnącą sprawnością, wtedy specjalnie mnie nie cieszyła. Nie o nią mi przecież chodziło. Walczyłam ze sobą przez pół roku po to, by wiosną wyjechać w góry. To był dla mnie sprawdzian, do którego się przygotowywałam.

Ćwiczenia sprawiły, że zaczęłam uważniej przyglądać się swojemu organizmowi. Walczyłam o siebie na treningach, ale jednocześnie miałam wrażenie, że ciało stawia mi opór. Byłam słaba, ale nie znajdowałam przyczyny tego stanu rzeczy. Na początku sądziłam, że chodzi o brak kondycji. Wraz z moim zaangażowaniem w ćwiczenia wciąż jednak szybko się męczyłam. Za szybko. W ciągu dnia musiałam się zdrzemnąć, bo czułam się senna. Nie wiedziałam jeszcze, że tak naprawdę byłam na najlepszej drodze do cukrzycy.

Zaparłam się i postanowiłam przebadać od góry do dołu. Zrobiłam mnóstwo badań, które pokazywały, że wszystkie parametry w zasadzie są w normie. Dlaczego zatem czułam podskórnie, że nie wszystko jest OK? Chyba wyglądałam na sfrustrowaną – jedna z lekarek poradziła mi konsultację psychiatryczną. Wiedziałam jednak, że nie takiej pomocy potrzebuję.

W końcu zebrałam wszystkie stare badania. Zaczęłam je przeglądać i zauważyłam, że poziom cukru w każdym moim badaniu podstawowym zawsze wynosił 120 mg/dl. Doczytałam, że graniczna wartość to 99 mg/dl, a długotrwałe stężenie powyżej tej liczby znacznie zwiększa ryzyko wystąpienia udaru mózgu oraz zawału serca. Od razu poprosiłam o zbadanie krzywej cukrowej. I co się okazało? Znalazłam przyczynę moich dolegliwości! To badanie wskazało, że przekraczam dopuszczalną normę: 178 mg/dl uplasowało mnie w widełkach 40–199 mg/dl, a to oznacza nieprawidłową tolerancję cukru.

Byłam wściekła. Na cały świat, na służbę zdrowia i na tych lekarzy, na których wcześniej trafiałam. Zlekceważyli moją intuicję, nie zlecili odpowiednich testów. Tylko moja dociekliwość pozwoliła wykryć przyczynę dolegliwości. To doświadczenie nauczyło mnie, że wszystko i zawsze trzeba sprawdzać, a do autorytetów można mieć zaufanie, ale ograniczone.

Lekarka pierwszego kontaktu zachęciła mnie do poszerzenia wiedzy o tym, co to jest indeks glikemiczny i jakie wartości przyjmuje dla poszczególnych produktów. Od tego momentu zmiany poszły lawinowo. Zmieniłam swój sposób odżywiania. Wykluczyłam z diety wszystkie produkty z indeksem większym niż 40. Nie było to jednak łatwe…

Wiadomość, że grozi mi cukrzyca typu II, dotarła do mnie tuż przed Wielkanocą 2010 roku. Gdy przygotowywałam świąteczne potrawy, byłam tak zdeterminowana, że nawet ich nie skosztowałam. Było mi obojętne, czy gościom będzie smakowała moja kuchnia. Na horyzoncie majaczyła ewentualna cukrzyca. Nie widziałam się w poradni diabetologicznej, łykającej tabletki czy wstrzykującej sobie insulinę. Wiedziałam, że jeśli nie zapanuję nad poziomem cukru, tak skończę. A tego nie chciałam. Na szczęście – jak mówią autorytety naukowe – cukrzycę typu II da się opanować dietą. I to była moja najważniejsza broń w tej walce.

Wiem, że święta to niedobry moment na radykalne decyzje dietetyczne, ale postanowiłam nie czekać. „Jeśli nie teraz, to kiedy?" – myślałam. Zdecydowałam nie przejmować się tym, że będę częstować gości, a sama nic nie zjem. Nie wypada? Być może, ale na szali było moje zdrowie. Przyznaję, że moją motywację wzmacniał strach o siebie. Przecież skutki cukrzycy dla organizmu to nie jakaś drobnostka. Raczej należałoby tu mówić o niszczącym tsunami.

Święta szybko minęły, a ja już zaprzyjaźniłam się z dietą o niskim indeksie glikemicznym. Pozbyłam się wszystkiego, co słodkie i napakowane węglowodanami. Na tym etapie wykluczyłam nawet owoce. Jadłam przede wszystkim surowe warzywa. Wtedy ten sposób odżywiania pomógł mi w schudnięciu i powrocie do dobrej kondycji. Po latach walki o siebie wiem, że jadłospis trzeba modyfikować

Chciałam być zdrowa
i wyglądać tak jak
na tym zdjęciu, więc
zaprzyjaźniłam się
z dietą o niskim indeksie
glikemicznym.

Ukochany Beskid Niski
(szczyt Baranie 754 m n.p.m.).
Tu w 2011 roku
przygotowywałam swój
organizm do prawdziwej
wędrówki z dużym plecakiem,
namiotem i prowiantem,
żeby w górach być
jak najdłużej.

Moja pierwsza wyprawa po półrocznej pracy na siłowni – szlakiem ostatniej wędrówki Stanisława Vincenza przez grzbiet Czarnohory. Rok 2010.

Góry Fogaraskie 2019. Pełnia szczęścia, góry moje. Zapomniałam już, że miałam czas słabości. Mogłam iść i iść, i nie myśleć o niczym poza tym, co widzę i czuję.

i dostosowywać do stanu organizmu. To ważne, bo podczas ćwiczeń zmienia się nasze zapotrzebowanie na pożywienie. Poza tym każdy z nas jest inny i co innego nam służy. Po prostu nie ma jednej diety cud dla wszystkich.

Zaczęłam chudnąć dość szybko. Po miesiącu diety i ćwiczeń co tydzień moja waga wskazywała modelowy kilogram mniej. Efekty zmiany menu i ruchu sprawiły, że ćwiczenia przestały być trudne. Nawet nie musiałam zmuszać się, żeby wyjść na trening więcej niż trzy razy w tygodniu. Cieszyłam się jak dziecko, że potrafię zrobić ćwiczenia, o których, zaczynając walkę o poprawę kondycji, nawet nie marzyłam. To był efekt kuli śnieżnej. Chciałam więcej i więcej.

W czerwcu 2010 roku miałam wędrować po Czarnohorze (paśmie górskim w Karpatach Ukraińskich). Nie miał to jednak być zwykły wyjazd w góry. Pierwszego czerwca w Bystrcu miało się odbyć poświęcenie pamiątkowej tablicy i huculskiego dębowego krzyża, który staraniem Towarzystwa Karpackiego postawiono w miejscu, gdzie w latach 1926–1940 stał dom Stanisława Vincenza*. Uroczystość przypadała w 70. rocznicę jego ucieczki przed spodziewanym aresztowaniem przez NKWD. Pojechałam z mężem,

---

* Stanisław Vincenz (ur. 30 listopada 1888 roku w Słobodzie Rungurskiej, zm. 28 stycznia 1971 roku w Lozannie) – polski prozaik i eseista, miłośnik i znawca Huculszczyzny i Pokucia, a także myśli i sztuki starożytnej Grecji (za Wikipedią).

a po wszystkim wraz z 19 znajomymi planowaliśmy wyruszyć szlakiem ostatniej wędrówki Vincenza przez grzbiet Czarnohory.

Droga ucieczki nie była dokładnie znana, a nawet gdyby była, to przyroda, w szczególności w górach, potrafi robić niespodzianki. Vincenz uciekał w 1940 roku, my chcieliśmy jego drogę powtórzyć w 2010 roku, czyli 70 lat później.

Nie ukrywam, miałam obawy, czy dam radę. To był pierwszy sprawdzian mojej kondycji oraz wytrzymałości, odkąd wróciłam na siłownię i zmieniłam sposób odżywiania.

Mogłam być z siebie dumna: już po pierwszym dniu wiedziałam, że dam radę, że nie będę ogonem grupy. W sumie maszerowaliśmy cztery dni z plecakami ze sprzętem biwakowym i z prowiantem. Warunki pogodowe nie były najlepsze. Czerwiec w górach nam nie sprzyjał. Musieliśmy zmierzyć się z deszczem, który sprawił, że zamiast dróg w dolinach pojawiły się bystre potoki. Byliśmy zmuszeni przemieszczać się trawersem po zboczu bez ścieżki, po dzikim terenie, wydawało się, że nieodwiedzanym przez człowieka przez wiele, wiele lat. Poczułam wówczas, co to jest puszcza karpacka. Naprawdę było trudno, a ja dawałam radę. Nie miałam ani jednego gorszego dnia! Cieszyłam się jak dziecko. Wysiłek, jaki włożyłam w pracę na siłowni, procentował w górach. Czułam się jak nowo narodzona. Góry do mnie wróciły!

Byłam z siebie dumna. Spełniło się moje marzenie o wyprawie w Tatry.

W czasie tej wędrówki miałam wrażenie, że spadają ze mnie kolejne kilogramy. Byłam lekka, sprawna, zadowolona, szczęśliwa.

Po powrocie do Warszawy zrobiłam sobie badania. Poziom cukru był w normie, cholesterol również. Lekarz pierwszego kontaktu był w szoku. Ja w sumie też. Trzy miesiące diety, wysiłku fizycznego i spokoju, a zdrowie wróciło. Powinnam była od razu poprosić lekarzy o przepisanie mi darmowego karnetu na siłownię zamiast o skierowanie na kolejne badania.

Wówczas ustaliłam też nowy rytuał: raz w tygodniu, gdy byłam na siłowni, ważyłam się. Utrzymywałam reżim dietetyczny i wciąż sporo ćwiczyłam. Co tydzień minus jeden kilogram. Kiedy wchodziłam na wagę i widziałam efekty (w sumie schudłam 24 kilogramy), schodziłam z niej z uśmiechem. Czy to nie była zachęta do dalszej pracy? Wreszcie czułam się zdrowa. I to było najważniejsze. Inne efekty wizualne były tylko pozytywnym skutkiem ubocznym obranego programu.

3. TRENER
Z CHARYZMĄ

rzyszedł czas na kolejny etap. Mała siłownia, z której do tej pory korzystałam, przestała mi wystarczać. Podczas wizyt w galerii handlowej Wola Park przy okazji zakupów z ciekawości zaglądałam do tamtejszej dużej siłowni Calypso. Przyznam, że mnie onieśmielała. Wielu trenerów, oprócz siłowni zajęcia fitness. Gdy przestałam pracować, odważyłam się kupić karnet do tego klubu. Miałam wówczas 60 lat. Powiedzmy to sobie szczerze, nie było wtedy wielu osób w moim wieku w takich miejscach. Zostałam jednak przyjęta przyjaźnie. Nikogo nie drażnił mój wiek ani moja niezdarność przy nowych dla mnie przyrządach siłowych.

Zaczęłam chodzić na zajęcia fitness, między innymi ABT (ćwiczenia na brzuch, pośladki i uda), TBC (ćwiczenia aerobowe połączone ze wzmacniającymi), stretching. Przetestowałam wiele typów zajęć i wielu trenerów. Próbowałam wszystkiego, żeby sprawdzić, co na mnie działa. Rozciągnęłam ciało, nauczyłam się ćwiczyć z przyrządami. Szło mi dobrze. W nagrodę zyskałam pewność siebie i poczucie, że jestem w stanie przyswoić prawie każde nowe ćwiczenie.

Wiedziałam, że jestem gotowa pójść dalej. Potrzebowałam kolejnego wyzwania. Okazał się nim trener Andrzej Wiatr.

Andrzej odmienił życie wielu ludzi. Moje też zmienił. Znamienne jest jego motto: „Żeby osiągnąć sukces, należy wyjść poza strefę komfortu". Treningi prowadzi jak z zawodowymi sportowcami: nadaje tempo ćwiczeniom, kontroluje technikę ich wykonywania, dopinguje, informuje o skuteczności ćwiczenia, uczy pokonywania słabości. Zajęcia z nim nie są łatwe. Gdy do niego trafiłam, prowadził ćwiczenia takie jak: Metabolic System, Space Stretch System, Super Pośladki. To z jego ust po raz pierwszy usłyszałam: „Musisz walczyć z najgorszym wrogiem: ze swoimi słabościami".

Kiedy wracam myślami do tamtego okresu, myślę, że treningi były dla mnie uniwersytetem trzeciego wieku. A jak na każdej uczelni, ważne jest to, na jakich wykładowców trafisz. Miałam to szczęście, że trafiłam na ludzi, od których mogłam się sporo nauczyć i którzy potrafią motywować. Niełatwa to przecież sztuka. Dotarłam do momentu, w którym treningi na stałe wpisały się w mój plan dnia. Wiem, że gdy je rzucę, dopadnie mnie starość. Jeśli mam w zdrowiu żyć kolejne lata, nie mogę przestać ćwiczyć.

Treningi z Andrzejem to był prawdziwy wycisk, a nie spotkanie z koleżankami, żeby trochę pomachać rękami czy nogami. Mam zasadę: nie uznaję treningu za przyjemny, jeśli

Treningi w Calypso w Wola Parku
z Andrzejem Wiatrem
to było wyzwanie!

porządnie się nie spocę. Delikatne ćwiczenia, czyli takie, które wykonujemy bez wysiłku, nie dają oczekiwanych efektów – powiedzmy to sobie uczciwie. Dlaczego o tym piszę? Często ludzie pytają mnie, jak zacząć ćwiczyć, żeby osiągnąć spektakularne efekty zdrowotne. Gdy opowiadam o swojej drodze, słyszę: „Ale czy to musi boleć, czy trzeba się spocić, boję się zakwasów" i tak dalej. Wytrzeszczam wówczas oczy i nie wiem, co odpowiedzieć…

Ćwiczenia pod okiem trenera dały mi inne spojrzenie na to, co robię. Nie chciał słyszeć, że nie damy rady, że boli, że nie wytrzymamy. Kto przyszedł na zajęcia, musiał sprostać oczekiwaniom, a to oznaczało przekraczanie swoich granic. Ulgowo byli traktowani tylko ci, dla których był to pierwszy raz. Andrzej wychodził z założenia – trafnego, jak dziś oceniam – że szkoda czasu na „gówniane" treningi. Skoro opłacamy karnety i poświęcamy swój czas, nie wystarczy pomachać nogą i wrzucić zdjęcie na swój profil w mediach społecznościowych z opisem: „Mój dzisiejszy trening". W ten sposób tylko się oszukujemy. Trzeba sobie uświadomić, że wizyta na siłowni ma nam dać kondycję, wytrzymałość, sprawność, wymarzoną sylwetkę, no i co najważniejsze – zdrowie. A przy okazji pewność siebie i otwarty na świat umysł. Nie odkrywam tu żadnej Ameryki. Człowiek jest stworzony do wysiłku, a sport ma duży wpływ na nasz charakter, nasze wybory życiowe, nasze zwyczaje.

Trening z Wiatrem nie kończył się po wyjściu z siłowni. To ważne, jeśli będziecie wybierali swojego przewodnika na tej drodze: musi to być ktoś, kto patrzy szerzej, kto zaproponuje też aktywność poza siłownią, kto podpowie, co robić, gdy wypadnie dzień bez treningu. Tak działa Andrzej. Proponował nam chodzenie po schodach, jazdę na rowerze do pracy, robienie codziennie 15 tysięcy kroków, bieganie i tym podobne. Informował, jak prawidłowo siedzieć przy komputerze, jak podnosić przedmioty z podłogi. Zwracał uwagę na wady postawy. Uczył nas, jak żyć, żeby nie robić sobie krzywdy. Podpowiadał, co powinniśmy jeść. Niby wiemy, jak ważne jest to, co wkładamy do ust, ale gdy przychodzi do tworzenia codziennego menu, gubimy się. Od Andrzeja usłyszałam, że jest tylko jedna słuszna dieta: to ta, która jest do nas indywidualnie dostosowana. Jadłospis musi uwzględniać nasz stan zdrowia, wiek, cel, jaki chcemy osiągnąć, rodzaj wykonywanej pracy, tryb życia.

Uczyłam się, jak w praktyce zastosować wiedzę, że dieta powinna zawierać odpowiednią ilość podstawowych składników odżywczych, białka, węglowodanów, tłuszczów i mikroelementów. Wcześniej był to temat nie do ogarnięcia.

Po zajęciach z Andrzejem trzeba było jeszcze 30 minut
popracować na bieżni, steperze czy orbitreku.

W końcu jednak wszystko stało się logiczne i nie tak trudne w zastosowaniu.

Jedzenie może leczyć, ale trzeba wiedzieć, jak to lekarstwo zastosować. Z pewnością hasło: „Jedz produkty zawierające selen i potas" nie przemawia do wyobraźni, ale już informacja, że garść pestek dyni i trzy orzechy brazylijskie świetnie wpływają na naszą równowagę hormonalną i zapobiegają chorobom tarczycy, do nas dotrze. Tego uczyłam się na siłowni od trenera. Obyście trafili na kogoś, kto ma takie holistyczne podejście, a będzie wam wtedy łatwiej zacząć życiową zmianę i wytrwać w tej decyzji.

Jak wyglądał trening z Andrzejem? Na początek obowiązkowa, w sumie standardowa rozgrzewka. Gdy kręciliśmy biodrami, on mówił, jaki będzie temat przewodni treningu.

Potem przechodziliśmy do zestawów ćwiczeń, liczba powtórzeń to minimum 40 przy ćwiczeniach bardziej wymagających. Przerw nie było – kto zrobił szybciej, zaczynał bieg bokserski. To bieg w miejscu z wyprowadzaniem dłońmi ciosów jak w boksie. Jeśli Andrzej był w „dobrym" humorze, zamieniał bieg bokserski na bieg górski. To z kolei bieg w podporze, gdy opieramy dłonie na podłodze, a nogi szybko podciągamy do klatki piersiowej. Kto ćwiczy, ten wie, jaka to różnica. Kolosalna. Kolejny zestaw ćwiczeń i tak przez godzinę. Wydawałoby się to niemożliwe, a jednak wszyscy ćwiczyli bez narzekania, nikt nie mdlał. Pomagała świadomość, że na nagrodę trzeba ciężko zapracować. Nie ma nic za darmo.

W sali treningowej Wiatra widziałam różne przypadki. Przychodziły do niego „zdechlaki" bez energii życiowej i osoby z problemem otyłości. Przy pełnym zaangażowaniu ich przemiany były spektakularne. Oczywiście pod warunkiem, że osoby te ćwiczyły systematycznie. Co to znaczy? Nie raz w miesiącu, nawet nie raz w tygodniu, a pięć, sześć razy w tygodniu. Nowicjuszom Andrzej wydaje się bezlitosny: po treningu zachęca, wręcz każe pójść na siłownię i jeszcze zrobić 30-minutowy trening na steperze, orbitreku lub bieżni. Nie bez przyczyny: po ćwiczeniach ciało jest rozgrzane, a tkanka tłuszczowa spala się szybciej. Straszne? Nie dla mnie. Straszne są choroby wynikające z otyłości. Straszny jest brak kondycji, brak zdrowia. Nie ma takich pieniędzy, które zniwelują tego rodzaju problemy. Tu potrzebne są nasze stuprocentowe zaangażowanie i ciężka praca.

Jak sobie radziłam? Szło mi nieźle. Gdy ćwiczyłam pięć, sześć razy w tygodniu, postępy były ogromne. Oczywiście, że miałam gorsze dni, a po treningu całe ciało było obolałe. Był to jednak inny ból niż ten wynikający z niemocy organizmu czy choroby. Do takiego bólu mogłam się uśmiechać i z wielką satysfakcją to robiłam.

Mogłabym ćwiczyć codziennie.
Lubię chodzić na siłownię.

Andrzej Wiatr – poza prowadzeniem treningów
– edukował, jak żyć i jak się odżywiać.

Moje niestabilne kolano czasem dawało mi się we znaki;
wołało, żebym zwolniła, odpoczęła (odezwała się kontuzja
sprzed lat: w latach 90. uszkodziłam łękotkę podczas zjazdu
na nartach z Chopoka). Zaparłam się jednak, że kolano ma
być zdrowe, bo ja do kolana nie będę się dostosowywać. Łatwo
powiedzieć. Ryzykowałam, ale jednocześnie postanowiłam, że
raz w roku poddam się rehabilitacji. I wciąż daję radę. Rehabilitacja wzmocniona rosnącą kondycją do dziś działa cuda.

Był czas, gdy Andrzej prowadził krótki program w porannym paśmie telewizyjnej Dwójki, w którym pokazywał proste ćwiczenia. Pewnego dnia zaproponował mi udział w nagraniu. Trochę z niepewnością, trochę z zażenowaniem, ale się zgodziłam. Nagraliśmy dwa odcinki. Świetne doświadczenie. Dla mnie nowe. Andrzej zazwyczaj zapraszał dwie osoby, które trenowały razem z nim. Idea była taka, by pokazać, że można ćwiczyć w domu z tym, co mamy pod ręką.

Samo nagranie było krótkie. Trochę skoków, brzuszków, rozciąganie. Zdaje się, że Andrzej chciał udowodnić widzom, że skoro 65-letnia Irena może ćwiczyć, to każdy da radę. Nie miałam nic przeciwko temu.

Poza normalnymi zajęciami na siłowni braliśmy udział w treningach wymyślonych przez Wiatra. Były treningi retro w ubraniach gimnastycznych z lat 60. przy muzyce z tego okresu. Innym razem ćwiczyliśmy w stylu Jane Fondy. Cudna zabawa. Albo treningi w stylu wojskowym w ubraniach moro, biegi z przeszkodami i inne ćwiczenia rodem z poligonu, tyle że wykonywane w dużej sali treningowej.

Jeśli jesteście na początku drogi wiodącej do poprawienia kondycji i zachowania zdrowia, nie idźcie do byle jakich trenerów. W tej branży są osoby z charyzmą, które zmotywują was w chwilach słabości i wyciągną z waszych organizmów maksimum. Takich ludzi szukajcie, nie zadowalajcie się przeciętnością.

Dlaczego lubię chodzić na treningi? Czy uzależniłam się od wysiłku fizycznego? A może potrzebuję kontaktu z osobami pozytywnie nastawionymi do życia? Albo lubię show, jaki odbywa się podczas ćwiczeń? Gdy próbuję sama sobie odpowiedzieć na te pytania, mam poczucie, że moją motywację wzmacnia kombinacja wielu czynników. Trener wizjoner (jest nim Andrzej) ułatwia podjęcie decyzji, że warto zainwestować w wysiłek fizyczny czas i pieniądze. Niesamowicie działa na mnie to, że z treningu na trening człowiek staje się coraz mocniejszy, dokładniejszy, szybszy, bardziej wytrzymały.

Nie wystarczy „zaliczać" treningu, trzeba go wykonywać na sto procent i poczuć, że nasza własna granica możliwości zmienia się wraz z kolejnymi ćwiczeniami.

A co zrobić, gdy pojawia się coś, co nas przerasta? Wyjście jest tylko jedno – ćwiczyć. Mnie na przykład trudne wydają się ćwiczenia ze space stretchem. To rodzaj gumy z regulacją, która pozwala ustalić poziom trudności treningu. Wiele osób ma z tym przyrządem kłopot. Kiedyś umieściłam w mediach społecznościowych swoje zdjęcie, jak rozciągam space stretch, ale nie udaje mi się do końca. Obiecałam publicznie, że pokażę, gdy będę umiała całkowicie wyprostować ręce.

Moje 65. urodziny! Gdzie? Na siłowni! Były kwiaty dla mnie,
śliwki w czekoladzie ode mnie dla wszystkich. Raz w roku dozwolone.

Trenowałam i byłam przekonana, że już opanowałam gumy.
Zrobiłam zdjęcie i okazało się, że jeszcze sporo mi brakuje
do ideału. Niestety, trzeba było jeszcze popracować. To może
być zniechęcające, ale nauczyłam się już, że bez kolejnych
powtórzeń niczego nie osiągnę. Ta świadomość daje siłę.

Dziś mam mały zestaw przyrządów, z którymi się nie
rozstaję. Gdy jadę poza Warszawę, zabieram ze sobą matę,
ciężarki, znane z jogi pasek, wałek i kostkę. Na wsi nie mam
dostępu do siłowni, więc ten zestaw służy mi podczas treningu. Wykorzystywałam go też w trakcie pandemii, gdy
koronawirus zamknął nas w domach.

4. ROWER I GAGA, CZYLI NIE BÓJ SIĘ PRÓBOWAĆ

Czerwiec 2010 roku i wyprawa na Czarnohorę były sprawdzianem moich możliwości. Zdałam. Miałam prawo być z siebie dumna. I to prawo sobie dałam. Ale tak to już jest z sukcesami, że jeden to dla nas za mało, ciągle chcemy więcej. Miałam ochotę na coraz większe wyzwania, nie tylko górskie.

Od tego przełomowego momentu raz w roku wyjeżdżałam z mężem pod namiot w góry. W tym pamiętnym czerwcu była Czarnohora, a w sierpniu Rumunia. Moją nagrodą za trochę wysiłku (no dobrze, trochę więcej niż trochę) i zmianę stylu jedzenia były wolność wędrowania, wieczory przy ognisku, nocleg wysoko w górach, oglądanie gwiazd przez uchylone klapy namiotu, zapach gór. Wreszcie mogłam biegać z ciężkim plecakiem i aparatem fotograficznym za stadem koni.

Skoro tak dobrze mi szło, postanowiłam wykorzystać wyzwoloną energię. Myślałam o innych formach aktywności. W końcu postanowiłam, że trzeba wrócić do jazdy na rowerze. Namówiłam męża, który z lekkim wahaniem w końcu zgodził się na wspólne przejażdżki.

W tematyce rowerowej nie byłam nowicjuszką. Gdy byłam w szóstej klasie podstawówki, ojciec kupił mi rower. Trzeba przyznać, że nie byle jaki, bo niebieską kolarkę Sport (w zamierzchłych czasach PRL w sprzedaży były tylko dwie kolarki: Sport i Maraton).

Mój rower miał jednak obciachowe, niesportowe błotniki. Sprawiał więc wrażenie miejskiego, a nie wyczynowego. Postanowiłam to zmienić. Tyle że sztuką było zdjąć błotniki bez naruszenia prawidłowego ustawienia kół. Pomogli koledzy mojej siostry i w końcu niebieska kolarka wyglądała wystrzałowo. Wszystkie koleżanki mi jej zazdrościły, a ja pękałam z dumy. Nikt ze znajomych nie miał takiego roweru, nawet moja siostra. Uczyłam się na nim jeździć sama. Wcześniej miałam tylko mały trójkołowiec. Męska kolarka nie była jednak najwygodniejszym środkiem transportu – za każdym razem, gdy z niej schodziłam, uderzałam się w kość łonową. Bolało, były siniaki, ale nie dawałam za wygraną. Kiedy już opanowałam jazdę, wyprawiałam się daleko od domu.

Na starość zachciało mi się wrócić do rowerowych wyczynów. Mój nowy rower nie musiał być sportowy, już nie kolarzówka, ale taki, żeby można nim było jeździć na wyprawy.

Dla mnie jazda na rowerze
to inne spojrzenie na świat.

Wędrówka po lesie, przejścia
przez potoki na biegówkach
to niezły zimowy trening.

Lata studiów, obóz taneczny w Mrągowie.
Powrót po latach do tańca to dopiero frajda.

Nie jeździłam kilkadziesiąt lat, nie wiedziałam, czy jeszcze potrafię to robić. Okazało się, że nie zapomniałam, ale za pierwszym razem ledwo dojechałam do domu. Następnego dnia rano wybrałam się do Lasku Bemowskiego. Ale to była frajda! Kolejna po górach nagroda za pracę na siłowni.

Zachciało mi się też biegówek. Udało mi się namówić męża na ich zakup, choć – przyznaję szczerze – rzadko je wykorzystujemy. Akurat trafialiśmy na takie zimy, że nie dało się z takich nart korzystać. Spadło za mało śniegu. Woziliśmy je więc z naszego domu w górach w Beskidzie Niskim do Warszawy, licząc, że w końcu i tego sportu spróbujemy. Rezultaty są jednak mizerne, a narty stoją i czekają na lepsze czasy. Wierzę, że w końcu się do nich dobiorę.

Idąc za radą trenera, szukałam takich aktywności, które wplotę w codzienne życie. Siłownia to wysiłek i praca, ale potrzeba jeszcze zabawy. Taniec wydawał się idealny. W młodości tańczyliśmy z mężem, nowicjuszami nie byliśmy. I tak jako sześćdziesięciolatka zaczęłam chodzić na tańce do klubów nad Wisłę na imprezki taneczne. Jak za dawnych czasów postanowiliśmy spędzić zabawę sylwestrową w klubie jazzowym. Wino było podłe, ale atmosfera jak na starych filmach amerykańskich z lat 50. XX wieku. Tańczyliśmy... Chciałabym napisać, że do upadłego, ale tak naprawdę do kontuzji. Tego wieczoru skręciłam nogę w kolanie. Miałam buty na gumie, a podłoga nie dawała poślizgu. Efekt łatwo można przewidzieć. Bolesna dolegliwość, ale warto było zapłacić taką cenę za przyjemność powrotu na parkiet. Co przeżyłam, to moje.

Czasami sama się sobie dziwię, jak znajduję czas na poznawanie nowych rzeczy. Określiłam to jako rodzaj imperatywu, który zmusza mnie, by wciąż próbować czegoś nowego. Podczas wizyty w Muzeum Sztuki Współczesnej

GaGa z Adi Weinberg
– taniec ten przeniósł
mnie w świat własnego
ciała. Nie ja, lecz ono
słuchało muzyki. Taniec
trudny, ale wrażenia
niesamowite.

w Barcelonie (MACBA) trafiłam na pokazy tańca nowocze-
snego w wykonaniu tancerzy z grupy Borisa Charmatza –
jednego z najważniejszych przedstawicieli opartego na improwizacji tańca współczesnego. Byłam oczarowana inno-
ścią, nieoczywistym wyrazem ruchu. Po powrocie do domu
zaczęłam czytać o współczesnych nurtach w tańcu i oglądać
je w internecie. Tak trafiłam na taniec GaGa. Gdy od córki

dostałam w prezencie karnet na cztery lekcje tego tańca z Adi Weinberg z Izraela, która w tym gatunku improwizacji jest mistrzynią, nawet przez moment nie zastanawiałam się, czy dam radę i czy wypada… Spróbuję, poczuję!

„GaGa to własna interpretacja ruchu, czas na pokonywanie ograniczeń i szukanie w tańcu własnego ciała – jego świadomości" – pisze Natalia Iwaniec. Uwielbiam wszystko, co nowe i trudne do zrozumienia. Byłam, tańczyłam, cieszyłam się ruchem i wysiłkiem. Adi ciałem i słowami opowiada, co tańczy i co czuje. Tancerze słuchają, patrzą i naśladują tancerkę. Przenoszą się w inny świat. Świat własnego ciała. Taniec nie należy do łatwych, ale daje nam świadomość, że nie ma ograniczeń, każdy może tańczyć i czuć się w tańcu świadomie. To piękne doświadczenie. Nowe odkrycie swoich umiejętności. Warto się tym tańcem zainteresować. Na YouTube można zobaczyć, jak wspaniale tańczą zawodowcy do choreografii Ohada Naharina. Wystarczy wpisać w wyszukiwarce: Mr. Gaga.

Kolejny na liście przyjemnych aktywności był basen. Dawno, dawno temu córka zapisała mnie na aqua aerobic dla seniorów. Chciałam, nie chciałam, pójść musiałam. Po gimnastyce można było popływać, z czego skwapliwie korzystałam. Namówiłam też męża, by w czasie, gdy ja ćwiczę, pływał na sąsiednim torze. Z czasem zarzuciłam aqua

W wieku 67 lat pod choinkę
zażyczyłam sobie łyżwy.

Basen – czemu nie?
Przecież umiem pływać!

aerobic, ale popływać przychodziliśmy. Oboje jesteśmy w tym nieźli, ale przygoda z basenem skończyła się, gdy mąż dowiedział się, że ma chore serce. Po operacji na basen nie chciał już wrócić. A ja szukałam kolejnych sportów, które sprawią, że będę chciała się ruszać.

W 2019 roku jako prezent pod choinkę zażyczyłam sobie łyżwy. Czy znacie 67-letnią kobietę, która ma takie zachcianki? Męża jednak nie namówiłam na wyjście na lodowisko. Opcja jazdy z „pingwinkiem" nie bardzo mu się spodobała. Stwierdził, że jest już na to za stary. Mam w tej sprawie inne zdanie. Bardzo żałuję, że pandemia przerwała moją jazdę na łyżwach. Obiecuję sobie, że jeszcze do tego wrócę.

Trochę z kronikarskiego obowiązku, ale też dla zachęty wymieniam te wszystkie aktywności, do których wróciłam albo które rozpoczęłam, gdy postanowiłam zmienić swoje emeryckie życie. Nie dajcie pogrzebać w sobie tej ciekawości, która pozwala na sięganie po nowe doświadczenia. Mój przykład pokazuje, że sam trening to za mało, by utrzymać postanowienie ruszania się. Jeśli znajdziecie takie formy sportu, które sprawią wam przyjemność, ale też podtrzymają waszą energię, będzie wam łatwiej wytrwać w tym, do czego dążycie.

5. ZARABIAM NA SMARTFON

P o siedmiu latach treningów z różnymi trenerami trafiłam przez przypadek na warsztaty na temat cellulitu.
Byłam już szczupła, ale – jak wiecie, drogie kobiety – cellu-
lit to przypadłość nie tylko tych z nas, które mają nadwagę.
W każdym razie ja z cellulitem nie dawałam sobie rady. Wy-
kład prowadził wspomniany już przeze mnie trener Andrzej
Wiatr. Wiedza połączona z ćwiczeniami to zawsze dobry
prognostyk. Dla mnie ważne było to, że walczyłam ze sobą
i swoimi słabościami.

Sześćdziesiąte piąte urodziny obchodziłam, a gdzieżby in-
dziej, na treningu. Kupiłam śliwki w czekoladzie z myślą, że
fajnie będzie tak jak kiedyś w szkole z okazji imienin czy urodzin poczęstować koleżanki i kolegów. Czułam się świetnie,
czułam się młodo, ale wciąż pamiętałam czas, kiedy tak nie
było, kiedy zarówno wiek, jak i tusza mówiły: starzejesz się,
kobieto. Instynkt podpowiadał mi, że nie jestem odosobnio-
na w swoich odczuciach i swojej walce. Czemu więc – pomyślałam – nie miałabym podzielić się z innymi na przykład

informacją, jak poradzić sobie z cellulitem albo jak zacząć trenować? Media społecznościowe są oknem na świat dla osób, które chcą dzielić się wieściami ze swojego życia, a ja czułam, że mam coś do powiedzenia. Nie zależało mi na paplaninie i pokazywaniu nierealnej siebie. Wręcz przeciwnie, chodziło mi raczej o rodzaj autentycznego świadectwa, które może innych przekonać, że warto w siebie zainwestować, że warto o siebie zadbać. To przecież kwestia nie tylko wyglądu, ale przede wszystkim zdrowia fizycznego i psychicznego.

Postanowiłam, że zaprzyjaźnię się z Facebookiem. Namawiała mnie do tego Oliwia Chomentowska, trenerka personalna, która ćwiczyła z nami. W tym czasie sama zakładała profil. Wiadomo, chciała zaistnieć w sieci jak inni trenerzy, a że jest dobra w tym, co robi, wróżyłam jej sukces. Sama jednak miałam obawy. Bałam się – przyznam szczerze – że nie sprostam i że stanę się pośmiewiskiem.

Oliwia zrobiła mi pierwsze szkolenie z mediów społecznościowych. Przekonała mnie argumentem: „Słuchaj, takich lasek jak ja jest w necie bardzo dużo, a takich jak ty nie ma prawie wcale". Zdopingowała mnie do działania i 14 września 2017 roku na świeżutkim profilu na Facebooku Irena Wielocha – Kobieta Zawsze Młoda umieściłam pierwszy wpis.

Pozwólcie, że wytłumaczę, dlaczego Kobieta Zawsze Młoda.

Z Andrzejem i Oliwią – dziewczyną, która zachęciła mnie
do zaistnienia w mediach społecznościowych.

Znałam siebie i wiedziałam, że prowadzenie fanpage'a da mi dodatkową motywację do działania. Szukałam pomysłu na siebie w mediach społecznościowych. Doświadczenie życiowe podpowiadało mi, że na udawaniu kogoś innego, niż jestem, daleko nie zajadę. Zajrzałam w głąb siebie, zadałam sobie kilka pytań: jaka jestem, jaka chcę być, co chcę ludziom o sobie powiedzieć. Nic nowego nie odkryłam, bo odkąd moje ciało i moja głowa zaczęły się zmieniać pod wpływem ćwiczeń, wiedziałam, że chcę być zawsze i wszędzie młoda. Chodzi mi jednak nie o wygładzanie zmarszczek (swoje bardzo lubię), ale o życiową energię. Przez wiele lat chodzenia na siłownię patrzyłam na młodych ludzi i przypominałam sobie, co to znaczy cieszyć się światem, nie bać się go, brać życie pełnymi garściami. Przecież też taka kiedyś byłam! Pytałam sama siebie, gdzie się to wszystko podziało. Czy wiek wyklucza taką postawę? Na to się nie godziłam. Kiedy patrzyłam w lustro i w oczy moich rówieśniczek, czułam, że tracę energię, że zaczynam wolniej mówić. O nie, nie chcę być staruszeczką, nawet miłą! Będę walczyła. Każdy z nas ma swoje lęki, ja boję się spowolnionej starości bez nadziei. Wierzę, że w takim wieku i w ostatniej fazie życia można mieć nastawienie młodych ludzi. Wiedziałam, że starość można zatrzymać tylko wtedy, gdy odnajdziemy w sobie młodość, by potem ją pielęgnować aż do kresu. I tym chciałam się dzielić z innymi w mediach społecznościowych.

Czasami spotykam ludzi, którzy patrzą na mnie ze zdziwieniem. Kiedy widzą mnie od tyłu, mają wrażenie, że jestem nastolatką (tak, tak, po latach ćwiczeń wróciłam do figury nastolatki), a gdy się odwracam do nich twarzą, nie potrafią utrzymać niewzruszonej mimiki. Są w szoku. Nauczyłam się na takie zachowania reagować żartem. Zazwyczaj mówię wtedy z uśmiechem: „Mam 18 lat, tylko tak głupio wyglądam". Uff, na twarze wraca uśmiech i już jest OK.

Jasne, że spotykam się z dyskryminacją ze względu na wiek. Nie wszystkie młodsze ode mnie osoby, na które natknęłam się po swojej przemianie, chętnie akceptowały, że pcham się między nich. Zdarzało się, że ktoś mało przyjazny ostentacyjnie dawał do zrozumienia, że siłownia czy sala fitness to nie są miejsca dla mnie. Tłumaczę sobie, że ta dezaprobata starości to podskórne lęki. Oni też się starzeją, ale udają, że im lata nie lecą. Cóż, niech pozostaną w tym błogostanie aż do chwili, gdy obudzą się z zadyszką podczas wchodzenia na szczyt…

Niegrzeczne zachowania, raniące słowa czy wymowne spojrzenia („A co ta baba tu robi?!"), choć nie były miłe, nie dotykały mnie do żywego. Oczywiście, że mnie początkowo irytowały, ale zazwyczaj w grupie oprócz złośliwców byli też ci, od których dostawałam wiele wsparcia. W końcu wyrobiłam w sobie stoickie podejście do takich sytuacji. Teraz wobec tych, którzy nie potrafią zaakceptować emerytki w sali treningowej, czuję nie złość, ale coś w rodzaju współczucia. Dla nich starość nie istnieje, nie chcą nawet myśleć, że ich to spotka, ale to przecież nieuniknione. Moje zderzenie z własną starością było jak czołówka z tirem, ale pozbierałam się i zawalczyłam o siebie. Życzę tym wszystkim, którzy obrzucają mnie złymi spojrzeniami, by potrafili znaleźć w sobie siłę do zmian, gdy te nieuchronnie nadejdą.

W zasadzie nie miałam nigdy problemów z kolejnymi okrągłymi urodzinami. Trójka, czwórka, piątka czy szóstka z przodu? No i co? Tak naprawdę, gdy skończyłam sześćdziesiątkę, śmiałam się, że lat mi przybywa, a ja czuję się mentalnie coraz młodsza. Nadciągającą starość odczuwam jako coś bolesnego tylko wtedy, gdy szwankuje mój organizm. Wtedy rzeczywiście ze łzami wspominałam czasy studenckie, z zaciśniętymi zębami powtarzałam sobie: „Dasz radę, będzie to spory wysiłek, ale dasz radę”.

Dekadę czy dwie temu kobieta w „pewnym wieku” miała prawo być tęgawa. Wyznacznikiem wieku była jednak nie tyle tusza, ile kolor włosów. Siwe oznaczały starość. Zawsze miałam nijakie włosy. Żeby je ożywić, przez lata prosiłam moją fryzjerkę o pasemka. Fryzura miała być praktyczna. W końcu koło pięćdziesiątki zaczęłam siwieć. Pasemka same się pojawiły. Farba nie była potrzebna. Nie miałam jednak poczucia,

Nikt mi nigdy nie zwrócił uwagi, że jestem tęga. Miałam swoje lata, więc miałam prawo. Cóż, miałam i mam na ten temat inne zdanie.

Gdy zeszczuplałam, były osoby, które pytały: „Źle wyglądasz – jesteś na coś chora?".

że w tej kwestii się zaniedbałam. Często kobiety komplementowały kolor moich włosów. Słyszałam, że są piękne. Mnie też się podobają, jest dobrze, jest wygodnie, jest ekologicznie.

Długie siwe włosy, jakie mam teraz, nie są jednak jakąś przemyślaną strategią wizerunkową. Raczej chodzi o to, że zawsze mogę związać je w kucyk, co podczas intensywnych treningów bardzo pomaga. Przy krótkich włosach po ćwiczeniach musiałabym je myć i modelować jeszcze na siłowni. Inaczej wyglądałyby kiepsko.

Kobiety same dziś obalają te stereotypy. Możemy być siwe, możemy wyglądać, jak chcemy (z zastrzeżeniem, że zdrowe odżywianie i trzymanie odpowiedniej do swojej budowy wagi to priorytety), możemy mówić, co chcemy.

Postanowiłam z tych praw skorzystać i dzielić się swoim doświadczeniem. Media społecznościowe okazały się świetnym nośnikiem, a ja chciałam mówić: „Mnie się udało, tobie też może. Nie chciej być stara, bądź zawsze młoda. Nie przyjmuj swojego wieku jako zła koniecznego. Nie twój wiek ma znaczenie, ale co sobą prezentujesz i jak się czujesz”.

Byłam pełna zapału, by zaistnieć w internecie i zarażać swoją postawą innych. Niestety, mój stary telefon nie nadawał się do obsługi nowoczesnych technologii. Pięcioletni iPhone 5 miał za mało pamięci, a jakość zdjęć odbiegała od instagramowych standardów. Jak zarobić na nowy smartfon?

– zastanawiałam się. Kupić go z emerytury? Zapomnijcie. Musiałam znaleźć źródło dochodu.

Postanowiłam zarabiać jako... kierowca Ubera. Drogie dziewczyny, a może raczej kierownica czy kierowczyni? Jak będzie poprawnie? Sama nie wiem, zostanę zatem przy kierowcy.

W myśl zasad Kobiety Zawsze Młodej, która nie boi się niczego (trzeba próbować; jeśli coś nie wypali, szuka się alternatywy; w każdym razie Kobieta Zawsze Młoda się nie zniechęca), postanowiłam siąść za kierownicą taksówki. Podeszłam do tego tematu z ciekawością i nadzieją na przygodę. Poznam ludzi, poznam Warszawę. Jestem, co prawda, warszawianką, lecz są miejsca, w których jeszcze nie byłam. Taka praca to okazja, żeby nadrobić topograficzne zaległości z przestrzeni miasta.

Pięknie, prawda? Na pewno sądzicie, że ta historia ma happy end. Ma, ale nie taki znowu happy ten end.

Cieszyłam się, że nowy zawód – oprócz koniecznego smartfona – przyniesie mi nowe znajomości. Cóż, tym razem trochę się... przejechałam. Owszem, nowe zajęcie pozwalało mi poznawać ludzi, ale nie od tej strony, na jaką byłam nastawiona i jakiej się spodziewałam. Zdarzało się, że miałam ochotę gburowatego pasażera wyprosić z auta.

Kocham jazdę samochodem, lecz niekoniecznie
jako kierowca taksówki.

Po miesiącu wiedziałam, że zarobek jest żałosny mimo
wielu godzin pracy. Na dodatek zajeżdżam swój samochód
(a na nowy w tej pracy nie miałam szans zarobić). Jasne,
że mogłam się wycofać, ale co wtedy z moim nowym smart-
fonem? Postanowiłam, że wytrwam w tych morderczych
warunkach, aż uzbieram potrzebną sumę. Trwało to siedem

długich i ciężkich miesięcy, ale uzbierałam dokładnie 7000 złotych. Potem – zgodnie z zasadą Kobiety Zawsze Młodej, która osiąga swoje cele – rzuciłam taksówkę i odetchnęłam z ulgą.

Sport, media społecznościowe, Uber (trudne doświadczenie to także szkoła życia, pamiętajcie o tym) nigdy by mi się nie przydarzyły, gdybym poddała się starości i tkwiła w miejscu, patrząc na słabnące ciało. Postanowiłam jednak zawalczyć o siebie, o swoje zdrowie. Gdybym miała zwracać uwagę na to, co w procesie transformacji mówili inni – zazwyczaj były to „dobre rady" i głos rozsądku; gdy je słyszycie, uciekajcie jak najdalej – nie byłabym w miejscu, w którym dziś jestem. Oczywiście, że każda zmiana kosztuje, nie jest łatwa, a efekty nie są widoczne z dnia na dzień. Trzeba na nie poczekać. Czasami musimy w sobie zbudzić buntowniczkę, która zakwestionuje panujący porządek i z nową energią wejdzie w coś nieznanego.

Po trudnych chwilach, które przeżywałam jak każdy, czułam się jednak odmłodzona, chętna na nowe przygody. Wiek metrykalny przestał mieć znaczenie. Nowa ja zapomniała, ile ma lat, a to oznaczało powrót odwagi, by mierzyć się z czymś nowym. I nawet jeśli ktoś po cichu myślał sobie, że oszalałam z tymi mediami społecznościowymi, kiedy widział mój entuzjazm, milczał.

6. JAK ZŁAPAŁAM SIĘ W SIEĆ

przede mną dużo pracy, żeby zachować to, co zyskałam przez lata treningów i dobrego odżywiania się. Z efektów jestem oczywiście zadowolona, ale stan, jaki osiągnęłam, wymaga ciągłej uwagi. Znacie to z własnego doświadczenia lub z własnych obserwacji: zdarza się, że ogromnym wysiłkiem chudniemy i zdrowiejemy, ale motywacja po osiągnięciu zadowalającego efektu spada i wracamy do punktu wyjścia. Odpuszczamy sobie, a wtedy wszystko to, co osiągnęliśmy, błyskawicznie zaprzepaszczamy. Powracamy do starych, niezdrowych nawyków, waga rośnie, a wprost proporcjonalnie do przybywających kilogramów zaczyna nam szwankować organizm. Nie chciałam takiego scenariusza i szukałam sposobu, jak podtrzymać motywację i nie spocząć na laurach.

Okazało się, że dla mnie taką siłą podtrzymującą motywację może być fanpage. Doszłam do wniosku, że potrzebuję nowej podniety mającej moc zatrzymania niekorzystnych zmian (mam na myśli powrót do dawnej siebie, która przysporzyła mi tyle zdrowotnych i duchowych trosk). Człowiek to takie zwierzę, które szybko się nudzi. Ze mną też tak jest. Oczywiście efekty treningów i zdrowy tryb życia powinny być wystarczającą nagrodą, by wytrwać. Wszystko to wiem, ale po jakimś czasie zawsze pojawia się monotonia. Trzeba się po prostu rozwijać. Czy nie na tym polega młodość? A ja chcę poznawać nowe rzeczy, nowych ludzi, chłonąć świat nawet za pomocą monitora. Może to nie jest najlepszy sposób, ale skuteczny, jeśli jest taka potrzeba.

Jestem na tyle doświadczona (proszę zauważyć, że nie piszę: stara), że wiem, jak kształtuje się charakter człowieka. To proces trwający całe życie. Moc charakteru to nie jest coś, z czym się rodzimy. Każda porażka, przykrość, słabość mogą nas hartować – byśmy mieli więcej sił przy następnym uderzeniu. Niepowodzenia nie są prawem, ale nauką życia. Bez nich nie zrozumiemy ani innych, ani siebie.

Mój fanpage na Facebooku rozwijał się, ale doszłam do wniosku, że Instagram będzie dla mnie lepszym oknem na świat. To medium ma moim zdaniem więcej użytkowników zainteresowanych aktywnym trybem życia.

Dziś mój profil na Instagramie ma blisko 130 tysięcy obserwujących.

Gdy rozpoczynałam swoją działalność w mediach społecznościowych, nie miałam pojęcia, jaką drogą pójść,

Kobieta Zawsze Młoda zaczęła żyć na Facebooku
14 września 2017 roku – inauguracja fanpage'a.

o czym pisać, jak często, kim mają być moi odbiorcy,
w jakim mają być wieku. Wiedziałam za to, że chcę być
absolutnie szczera oraz że moja życiowa zmiana to coś,
z czego jestem dumna i czym jestem gotowa się podzielić.
Uznałam, że najlepszą strategią będzie pójście na żywioł
bez konstruowania jakichś sztucznych założeń. Jeśli mój

przekaz trafi do kobiet, będę zachwycona. Jakiś mężczyzna uzna, że warto obserwować mój profil? Świetnie. Pojawią się młodzi ludzie? Cudownie.

Początki zazwyczaj nie są łatwe. Bałam się, że zanudzę ludzi swoimi opowieściami, że będę umieszczała nieodpowiednie zdjęcia. W poszukiwaniu swojej ścieżki przeglądałam inne profile. Byłam ciekawa, czy są w mediach społecznościowych osoby takie jak ja. Nikogo takiego nie znalazłam, więc musiałam swoje doświadczenie budować na własnych porażkach i sukcesach. Nawet się z tego ucieszyłam. Myślałam: „Nie ma wzorców, świetnie, będę sobą, będę opowiadać o rzeczach ważnych dla mnie". Na Instagramie napisałam: „Każdego dnia zmieniam swoje życie i podejście do niego. Ty też możesz. Zapraszam na mój fanpage, znajdziesz tam inspirację".

Na Facebooku umieściłam wtedy nieco inny wpis: „Zawsze będę młoda, bo tak chcę! Dzisiaj mam 68 lat. Gdy miałam 57 lat, wzięłam swoje życie w swoje ręce. Czułam, że nadchodzi coś złego. Co? Wiadomo, starość. Wtedy mojej starości powiedziałam NIE, mnie to nie dotyczy! Postanowiłam chodzić na siłownię, nabrać kondycji i sił do życia. Ze względu na zdrowie przeszłam na dietę i zaczęłam chudnąć. No i wtedy poczułam się świetnie i rozpoczęłam moje nowe życie. I o tym nowym życiu opowiadam".

Pierwsze wpisy były oczywiście nieporadne, ale jako nowicjuszka miałam prawo do naiwności. Postanowiłam nie być dla siebie za ostra i pisać o tym, co dzieje się w moim życiu. Nie pisałam, dlaczego tak się dzieje – prowadziłam raczej coś na kształt kroniki, bez aspiracji, by innych uczyć podejścia do zmian. Nie miałam w sobie wówczas takiej odwagi. Uważałam, że na początek ludzie powinni mnie poznać. Nie miałam im nic do zaoferowania poza tym, kim i jaka jestem.

Pisałam, że chodzę na siłownię, kocham góry, mam dom w Beskidzie Niskim, jeżdżę na rowerze, wyjeżdżam wraz z mężem na wyprawy trekkingowe w góry rumuńskie, ukraińskie, że działam w Towarzystwie Karpackim, że byłam w Barcelonie spotkać się z córką, że kocham jazz, że byłam tęgą starszą panią i teraz już nie jestem ani tęga, ani starsza. Pisałam, co jem i że staram się zdrowo odżywiać. Poruszałam różnorodne tematy, sondowałam, co moich odbiorców może zainteresować. W każdym poście starałam się dodać wątek motywacyjny z lepszym lub gorszym skutkiem. Uczyłam się.

W tych pierwszych miesiącach polubień pod postami było niewiele. Czasami kilkanaście, czasami kilkadziesiąt. Powiedzmy wprost: szału nie było. Traktowałam swoją działalność w mediach społecznościowych jak wciągającą zabawę.

Mniej więcej po roku mojej obecności na FB i IG zadzwonił do mnie reporter współpracujący z programem „Dzień Dobry TVN". Sądziłam, że trafił na mój profil przypadkiem i uznał, że może da się z tego zrobić materiał dla telewizji. Ale czy jestem materiałem na gwiazdę? Oczywiście, że moje ego połknęło haczyk. Od razu pomyślałam, że to szansa na zaistnienie w sieci. Lubię niespodzianki, lubię nowe wyzwania, w zasadzie bez wielkiego namyślania się zgodziłam się na występ w telewizji.

Wszystko pięknie, ale trzeba było widzieć minę mojego męża, gdy usłyszał, że kamery wejdą do naszego domu. To było dla niego coś absolutnie nie do przyjęcia. Usłyszałam: „Obcych ludzi chcesz wpuścić do domu?!". Niezła zagwozdka, bo reporter proponował, żeby w reportażu pojawili się mąż i nasz syn. Nie mieli wielkiej roli: jedynie powiedzieć parę słów na temat tego, co robię. Przyznam, że czułam się rozczarowana ich postawą. W tej sytuacji nie czułam rodzinnego wsparcia, a przecież na nie liczyłam. Było mi przykro, gdy mąż oznajmił, że na czas nagrania wyjdzie z domu. Pomyślałam: „Taki jesteś, obcych nie wpuścisz, ale żonę z obcymi zostawisz". Wściekłam się. Jak tak można? Dlaczego oni mi to robią? Postawiłam sprawę na ostrzu noża. I nie jest to żadna metafora. Powiedziałam, że jeśli mąż wyjdzie z domu i nie weźmie udziału w nagraniu, zobaczy papiery rozwodowe. Trudno, wóz albo przewóz. Rodzina ma się wspierać, a ja czułam, że decyzją o pozostawieniu mnie samej podczas nagrania mąż i syn tak naprawdę dają mi odczuć, że uważają moją życiową zmianę za coś błahego, niepoważnego. Ot, stara baba coś sobie ubzdurała. Rozumiem, że gdybym zrobiła coś złego, mogliby mieć prawo odsunąć się ode mnie. Ja jednak nie przekroczyłam żadnych norm. Byłam okropnie zawiedziona, nawet zrozpaczona. Ale wkrótce te uczucia zastąpiło zdecydowanie. Wezmę udział w reportażu bez względu na rodzinne konsekwencje.

Dotrwaliśmy do nagrania we względnym spokoju. Tego dnia ekipa TVN – młody człowiek z kamerą i przesympatyczna realizatorka dźwięku z futrzastym mikrofonem – zjawiła się u nas wcześnie rano. Miałam nadzieję, że mąż pożałował słów, które padły dzień wcześniej. Gdy poproszono go o wypowiedź, opowiedział o mnie nawet z… pewną dumą. To wtedy, mając za świadków potencjalne rzesze telewidzów stacji, obiecał, że wybierze się ze mną na przejażdżkę rowerową. Słowa dotrzymał. I o co było tyle krzyku?

Miałam szczęście, bo w dniu emisji reportażu poranek prowadzili moi ulubieńcy, wspaniali Dorota Wellman i Marcin Prokop. Na dokładkę razem ze mną pojawił się w TVN popularny trener, Qczaj.

„Dzień Dobry TVN" – to był świetny materiał o mnie.
Występ w tym programie dał mi nadzieję na sukces.
Na zdjęciach w towarzystwie: Doroty Wellman, Marcina Prokopa i Qczaja.

Scenariusz był prosty: najpierw reportaż, następnie rozmowa ze mną, a potem także z Qczajem. To był dobry materiał. Czułam się w tym towarzystwie świetnie. Mąż i syn oglądali mój występ. I – co dla mnie bardzo ważne – chyba nabrali szacunku do tego, co osiągnęłam i co wciąż robię.

Nie wszystkie moje publiczne wystąpienia w mediach były tak udane. Po wizycie w programie „Dzień Dobry TVN" dostałam propozycję wypowiedzi w radiowej Czwórce. Poszłam z chęcią i nadzieją. Dostałam 20 minut czasu antenowego, a raczej – tak to dziś oceniam – miałam go wypełnić na zasadzie kwiatka do kożucha. Dziennikarka, która przeprowadzała wywiad, sama sobie odpowiadała na pytania, sprawiała wrażenie, że zna się na wszystkim, nie dopuszczała mnie do głosu.

To był mój pierwszy radiowy występ, a ja od razu wiedziałam, że to nie dla mnie. Pocieszałam się, że spróbowałam. Kolejna lekcja pokory i tego, jak radzić sobie z porażkami…

Po programie w TVN na moich profilach na Instagramie i na Facebooku przybyło obserwujących. Byłam pełna optymizmu, że od tego momentu będzie już z górki. Miałam w końcu swoją publikę, z którą mogłam dzielić się przemyśleniami i sposobami na zdrowie oraz młodość. Jestem z tych, którzy widzą szklankę do połowy pełną. Optymizm zawsze dawał mi siłę do skakania przez przeszkody, jakie pojawiały się na mojej drodze. Jednak – jak to w życiu bywa – przeliczyłam się. „Szał" szybko minął, obserwujących znowu ubywało, a ja stanęłam przed fundamentalnym pytaniem: „Co robię nie tak?". Czy ludzie mnie nie chcą? Czy mój przekaz ich nudzi?

Zdajecie sobie sprawę, jak taki stan ducha wpływa na poczucie własnej wartości. Były dni, gdy chciałam to wszystko rzucić w diabły. Zastanawiałam się, po co mi media społecznościowe, skoro swoją walkę o zdrowie wciąż wygrywam. Ambicja podpowiadała mi, żebym dała sobie spokój, skoro ludzie nie mają ochoty mnie słuchać. Dopadła mnie też niemoc twórcza. Wszyscy, którzy aktywnie korzystają z mediów społecznościowych, wiedzą, o czym mówię. Nie każdego dnia mamy przecież wspaniały pomysł, który zainteresuje odbiorców. Oczywiście, zawsze zostają posty o posiłkach, które zazwyczaj cieszą się popularnością, ale jedzenie to nie jest mój ulubiony temat. Przyznaję, że nie mam żyłki do gotowania.

Powiedziałam sobie: „Dość, nie będę się przejmowała. Moim priorytetem jest zachowanie zdrowia i dobrego samopoczucia". Tłumaczyłam sobie: „Kobieto, wyluzuj, rób tylko to, co uważasz za stosowne, poruszaj tematy, które są ważne dla ciebie. Nie będzie polubień? To nie będzie. Nie dla łapek w górę i serduszek to robisz, nie będzie pieniędzy, trudno, ale możesz być sobą. Będziesz miała satysfakcję, że nie poddałaś się presji, która jest w internecie".

Presja internetu i mediów ma jeszcze inne oblicze. Ktoś, kto zaczyna być znany, jest proszony o komentarze. Żądano ode mnie, bym na zawołanie zabierała głos w sprawach, które się dzieją: Dzień Ojca, Dzień Babci, Dzień Dziecka, Dzień Szpilek, Dzień Menopauzy. Ależ to denerwujące. Mam wyrobione zdanie na wiele tematów, ale czy muszę się nim dzielić? Postanowiłam, że tej presji nie poddam się za nic. I to była najważniejsza decyzja. Od tej pory przestałam obserwować, co się dzieje w mediach.

Media społecznościowe mają swoją specyfikę. Kreacja ma pierwszeństwo przed autentycznością, ale ja nie chciałam sprzedać duszy. Oczywiście, że mogłam udawać i wrzucać posty, które nijak mają się do mojej codzienności. Ale nie chciałam i nie chcę oszukiwać ani ludzi, ani siebie. Traktuję swoją obecność na Instagramie i Facebooku jako pracę. I chciałam za tę pracę otrzymywać wynagrodzenie. Skoro inni mogą w ten sposób zarabiać, dlaczego ja nie? Z tego powodu przyjęłam propozycję nagrania reklamy kremów stosowanych na obolałe miejsca (często bolało mnie zwyrodniałe kolano). Chodziło o to, by nagrać filmik, jak używam kremu i go chwalę. Sprawa dla mnie była czysta, bo nie lokowałam w swoich kanałach produktów, udając, że sama z nich korzystam. Oznaczyłam post jako reklamowy, a mimo to spotkała mnie krytyka. Ktoś napisał: „Było tak miło, a tu reklama firmy farmaceutycznej. Zawiodła mnie pani". Wiele osób ten komentarz lajkowało. Pomimo to czułam się tak, jakby ktoś dał mi w twarz. Rosła moja gorycz, bo starałam się motywować innych, moje posty są przecież darmowe, nie oczekuję od swoich odbiorców niczego i nagle taka dezaprobata za reklamę? Wiele mediów utrzymuje się z reklam i nikt im tego nie wytyka.

Trudno pracować i nie mieć z tego korzyści. Długo szukałam pomysłu na siebie w mediach społecznościowych. Teraz skupiam się na tym, jak zarabiać i jednocześnie prowadzić swoje profile w zgodzie ze sobą. Reklama? Owszem, czemu nie, ale nie za wszelką cenę. Promowanie małych, początkujących firm? Chętnie to zrobię za darmo. Gdy sama byłam początkującą instagramerką, nikt mnie nie promował. Dlatego wiem, jak trudno jest tym, którzy zaczynają taką działalność. Jeśli będę mogła wspierać początkujących, zawsze chętnie to zrobię.

Po latach boksowania się ze sobą i zmieniania strategii prowadzenia mediów społecznościowych wiem, że najważniejsza jest autentyczność. Nie tylko dla tych, którzy mnie obserwują, ale także dla mnie samej. Uznałam, że nie chcę pokazywać upiększanej rzeczywistości. Będę pisała o tym, co czuję, jak sobie radzę, gdy jest trudno. Ale też o tym, że widzę piękno świata, doceniam je, kocham się uśmiechać, lubię poznawać nowych ludzi.

Każdy z nas potrzebuje wsparcia. Media społecznościowe, nawet przy wszystkich swoich minusach, są platformą do wymiany energii. Ludzie obserwują innych i szukają tych, którzy mają podobne problemy. Chcą akceptacji, ale też rady. Doszliśmy do takiego momentu, że często łatwiej nam otworzyć się, pisząc posty na Facebooku czy Instagramie, niż przed znajomymi. Na pewno łatwość utrzymania anonimowości (choć to anonimowość złudna, bo bardzo łatwo ją rozszyfrować) sprzyja takim zachowaniom. Przyznam, że wsparcie, jakiego doświadczam w mediach społecznościowych, dodaje mi skrzydeł. Czasami jest to miły komentarz, czasami jakaś zabawna emotka. To prawda: można się uzależnić. Sama łapię się na tym, że kiedy planuję dzień, biorę pod uwagę to, czy w programie jest coś ciekawego, co nadaje się do wrzucenia do internetu. Nie mam jednak poczucia, że zupełnie się zatraciłam. Raczej traktuję Facebooka i Instagrama jako coś, co jest elementem mojego zawodowego życia. Tym bardziej że to, o czym piszę, ma służyć jako źródło motywacji i inspiracji dla tych, którzy to czytają.

Każdy post jest kawałkiem mojego życia. Czasami wracam do przeszłości, innym razem opisuję mój dzień tu i teraz.

Zależy mi jednak przede wszystkim na tym, żeby za tymi wpisami kryło się coś więcej niż opisywanie codzienności. Zmieniamy się, rozwijamy, uczymy. Wszystko to z ogromnym wysiłkiem. Sama też przez to przechodziłam i wiem, ile zainwestowałam, żeby znaleźć się w miejscu, w którym jestem. Chciałam, żeby mój fanpage też o tym mówił. Ludzie są różni i mają różne potrzeby. Mówienie do każdego z osobna jest bez sensu, w końcu nie jestem terapeutką. Mogę mówić o sobie, swoich wzlotach i upadkach na drodze ku zdrowiu i młodości. I okazało się, że moje przemyślenia oraz kłopoty są zbieżne z tym, co czują inni. Na tym zaczęłam budować swoją pozycję w mediach społecznościowych. Raz z większym, raz z mniejszym sukcesem.

Jak staram się motywować na Facebooku czy Instagramie? Pokazywanie wyłącznie tego, co robię na siłowni, jest bez sensu. Nie trzeba wielu lat doświadczeń internetowych, żeby połapać się, iż każdy, kto chce zaistnieć w tej przestrzeni, musi opowiadać różne historie. Trzymając się założenia, by być autentyczną, zaczęłam pisać o górach, które kocham. To nie tylko „pocztówki" z pięknych miejsc, ale także poznawanie mieszkających tam ludzi i ich kultury. Nazywam to świadomym chodzeniem po górach. Wydawało mi się, że moje pisanie może nie spotka się z wielkim zainteresowaniem, ale jednak ktoś to przeczyta… Tymczasem jak kulą w płot. Dostałam jakieś żebrolajki. Chwilę później postanowiłam wypromować w mediach społecznościowych Spotkania Karpackie. To cykl Towarzystwa Karpackiego, którego „ojcem" jest mój mąż (wyobrażacie sobie tę presję…); to społeczność z pasją, zakochana w Karpatach. Przez pięć lat prowadziłam te spotkania i naiwnie sądziłam, że jeśli je zareklamuję w mediach społecznościowych, przyjdą tłumy. Spotkania Karpackie miały takie motto: „W każdy trzeci czwartek miesiąca prawdziwi miłośnicy Karpat spotykają się, by posłuchać ciekawych prelekcji o tych jedynych w swoim rodzaju górach, o ich historii i dniu dzisiejszym, o etnografii i geografii, czy też o dziejach związanych z nimi ludzi". Trzeba było to przełożyć na współczesny język postów internetowych. Żeby ludzi zainspirować i zmotywować do zmian trybu życia w kontekście gór, wymyśliłam takie hasło: „Kocham góry, trzeba na nie zasłużyć, zdobyć siłę, żeby wejść do ich serca". Cóż, na jedno ze spotkań przyszła koleżanka z treningu. Po tej frekwencyjnej klapie dałam sobie spokój z tego rodzaju wpisami.

Skoro było o porażce, musi być też o sukcesie. Każdy z nas obchodzi urodziny swoje i członków rodziny. Tort urodzinowy, kwiaty, prezenty. Swojej rodzinie zaproponowałam taką formułę obchodów, żeby i matka jubilata dostała kwiatek oraz życzenia. Dla matki urodziny dziecka to przecież też święto. Może nawet ważniejsze niż dla dziecka. W mojej rodzinie tej tradycji na stałe nie udało się utrzymać, ale wciąż jestem przekonana, że urodziny powinno się obchodzić tak podwójnie. Uznałam, że warto o tym napisać. Na wiele lajków nie liczyłam, a jednak ten post spotkał się z ogromnym odzewem.

Wśród postów motywacyjnych, do których przykładam szczególne znaczenie, są te przypominające ludziom, jak łatwo zaniedbać treningi. Przerwy chorobowe czy te spowodowane kontuzjami wyłączają nas z aktywnego życia i rozleniwiają. Im są dłuższe, tym trudniej wrócić do treningów. Na własnym przykładzie mogłam się przekonać, że tygodniowa przerwa to jeszcze nie tragedia, ale dłuższa może już być problemem.

Przez bardzo długi czas miałam kłopoty ze zdrowiem, a dokładniej z palcem serdecznym u lewej ręki. Brzmi może niepoważnie, ale dolegliwości trwały półtora roku. Po zacięciu się nożyczkami podczas wycinania skórki powstała na palcu rana, która się nie goiła. Palec puchł, a pod paznokciem toczyły się niesympatycznie wyglądające zmiany. Przeszłam długą drogę w poszukiwaniu specjalisty, który postawi prawidłową diagnozę. W końcu trafiłam do szpitala na oddział dermatologii. Tam dowiedziałam się, że mam mykobakterię skóry. Rzadka dolegliwość, dlatego tyle trwała diagnoza. Jedna z lekarek z oddziału już się z tą chorobą spotkała i zleciła badania pod kątem tej bakterii. Po diagnozie trafiłam do szpitala w Otwocku, tylko tam mogli sprawdzić, czy bakteria zaatakowała palec i dłoń, czy też inne organy. Ta choroba nieleczona jest śmiertelna, a rekonwalescencja trwa bardzo długo. Czekała mnie roczna kuracja antybiotykowa, ale cieszyłam się, że jest diagnoza. W trakcie poszukiwania odpowiedzi na pytanie, co dzieje się z moim palcem, nie odczuwałam jakiegoś spadku formy. Wciąż chodziłam na treningi i nawet do głowy mi nie przyszło, żeby przestać. Po zdjęciu paznokcia opuściłam jeden trening. Pamiętam, że spróbowałam w domu, czy mogę z raną zrobić burpees, czyli popularną na siłowniach sekwencję ruchów opartych na tak zwanej desce (padnij i powstań). Okazało się, że tak, więc poszłam na kolejny trening.

Pobyt w szpitalu już po diagnozie trwał trzy tygodnie. Wszelkiego rodzaju badania, tydzień kuracji antybiotykowej na oddziale. Lekarze chcieli zobaczyć, jak mój organizm reaguje na leczenie. Kazałam rodzinie dostarczyć do szpitala ubranie sportowe i co wieczór przed snem robiłam trening. Bieganie, przysiady, wykroki, pajacyki. Szpital w Otwocku to zespół budynków postawionych jeszcze przed wojną w lesie. Maj, las, zapach sosen, jak tu nie wyjść na powietrze i nie zaznać trochę ruchu? Dla mnie to było oczywiste. Nikt się nie śmiał, lekarze przyzwolili. Tylko po bronchoskopii lekarka poprosiła, żebym wieczorem nie biegała. W weekendy przyjeżdżał do mnie mąż i robiliśmy wycieczki po okolicy. W ten sposób umilałam sobie pobyt w szpitalu. Z tyłu głowy miałam jednak lęk, że powrót do sprawności w tym wieku będzie trudny. Dlatego nie odpuszczałam.

Tym wszystkim dzieliłam się z moimi odbiorcami i zawsze dostawałam od nich wsparcie.

O czym jeszcze piszę na swoim profilu? Tak naprawdę nie mam jednej życiowej pasji. Staram się żyć jak młoda kobieta, bez zahamowań, bez uprzedzeń. Chcę, żeby każdy dzień był ciekawy, nie chcę tracić czasu na bezczynność. Jednocześnie chcę robić to, co sprawia mi przyjemność, choć nie wszystko wychodzi doskonale. Mówię o moich klęskach, o moich sukcesach, bo każdy ma jedne i drugie. Chcę pokazać, że starość może być wspaniałym etapem życia. Chcę dać wiarę niedowiarkom, że tylko od nas samych zależy, czy zawalczymy o siebie.

Obeznana z mediami społecznościowymi, dziś motywuję tak: „Trendy w fitnessie: czas silverów. No właśnie! Wreszcie ktoś wpadł na pomysł, żeby uaktywnić seniorów na siłowniach. Więcej aktywności fizycznej, więcej zdrowych starszych ludzi. Seniorzy na siłowni to temat konieczny, gorący, trendy. Mówcie o tym swoim rodzicom, dziadkom. Nie ma ograniczeń wiekowych, żeby zacząć. Ile korzyści dla zdrowia, ile zadowolenia z siebie. Kochani, naprawdę warto. Popatrzcie na mnie. Stałam się innym człowiekiem, lepszym pod każdym względem. Zyskałam zdrowie, kondycję, siłę, równowagę psychiczną. Seniorzy! Na siłownię!".

7. ŻYCIE NA ŚWIECZNIKU

Moja pisanina w mediach społecznościowych powoli się rozkręcała. Zaczęły pojawiać się pierwsze skromne, ale ciekawe zaproszenia. Zimowy Narodowy zaprosił mnie do udziału w promocji lodowiska. Dostałam od nich prezent – kartę wstępu na lodowisko ważną cały sezon i wynagrodzenie za udział w sesji na lodzie.

Kolejne propozycje nadchodziły, ale pachniały amatorszczyzną. Zazwyczaj przybierały formę pytania, ile u mnie kosztuje post, ile relacja. Często nawet nie miałam okazji dowiedzieć się, o jaki produkt chodzi (inaczej przecież reklamuje się krem, a inaczej rower górski). Odpowiadałam na ofertę reklamową, ale z drugiej strony zapadała cisza. Jedna z firm zaczepiła mnie na FB i spytała o warunki półrocznej współpracy. I znowu to samo: przedstawiam swoją ofertę i cisza, brak reakcji. Myślałam, że może kwota jest za wysoka. Dlaczego jednak nikt nie napisał mi tego wprost? Czy – pytałam sama siebie – w przestrzeni wirtualnej nie obowiązują zasady partnerstwa i dobrego wychowania?

W moim przypadku sprawdzała się jednak zasada, że wystąpienie medialne (w prasie czy telewizji) pociąga za sobą wzrost obserwujących w mediach społecznościowych. Chciałam wykorzystać ten ruch, ale nie za wszelką cenę. Postanowiłam, że nie będę reklamowała czegoś, o czym nie mam pojęcia. Odpadły więc odżywki czy jedzenie – a propozycji z tych branż miałam sporo. Czekałam na coś, co popchnie moją wirtualną karierę. Aż nadszedł ten dzień. Przyszło zapytanie o ofertę od dobrej francuskiej marki (nazwijmy ją firmą X): chodziło o reklamę kremu. Solidnie się do tej kampanii przygotowałam. Przedstawiłam swoje warunki, a tu znowu cisza. Pozłościłam się i zapomniałam o tej sprawie. Tymczasem po kilku tygodniach firma niespodziewanie się do mnie odezwała. Z perspektywy czasu wiem, że to był dla mnie moment przełomowy. Wtedy jednak tego nie przeczuwałam.

Tego dnia mój grafik był napięty. Rano miałam występ w „Pytaniu na śniadanie" w TVP2. Chodziło o seniorów na siłowni, temat w sam raz dla mnie. W drodze do studia przepychałam się przez zakorkowaną Warszawę (właśnie przyleciał do Polski prezydent Francji Emmanuel Macron). Oczywiście się spóźniłam. Po wejściu na żywo biegiem ruszyłam na kolejne tego dnia spotkanie, z którym wiązałam duże nadzieje. I znowu przez korki na event francuskiej

W programie „Pytanie na śniadanie" w TVP2 byłam dwukrotnie.

firmy kosmetycznej też dotarłam spóźniona. Co za wstyd. Nie ma to jak dobre pierwsze wrażenie. A tak liczyłam na to, że ta impreza będzie wstępem do większych kontraktów reklamowych.

Moje zadanie polegało na tym, żeby pojawić się na imprezie, po której miałam wrzucić na swój profil post. Napisałam relację: „Wczoraj był szalony dzień. Wpadłam na chwilę do TVP, 10 minut przed wejściem na plan PnŚ. Zaraz potem pojechałam do firmy X. Dostałam zaproszenie na premierę nowej linii kosmetyków przeznaczonych dla nowego, srebrnego pokolenia. Czyli dla mnie też. Było pięknie, miło, dziękuję pięknie za zaproszenie! Wieczorem oczywiście byłam na treningu! Tam wreszcie się zrelaksowałam!".

Kolejny wpis był motywacyjny: „Chcesz być kobietą zawsze młodą, promienną, pewną siebie, pomimo że ukończyłaś 60 lat? Dojrzałe kobiety są teraz w modzie. To Twój czas, wykorzystaj go! Firma X daje Ci linię kosmetyków do pielęgnacji skóry XXX [tu padła nazwa serii]. Daj sobie szansę! Nie masz 60 lat, ale masz babcię, mamę – daj im szansę!". Mało komentarzy, mało polubień. Cóż, bywa. Za to kolejny post oburzył moich odbiorców, a w każdym razie jakąś ich część. Pisałam: „Mam 67 lat. Makijaż jest świetny dla młodych, ja jestem kobietą, która ma młodość w sercu, ale chcę, żeby moja twarz też była młoda, jasna, zrelaksowana, uśmiechnięta. Chcę skórę ożywić, dodać jej młodości. Nowa seria kosmetyków X dla cery dojrzałej daje mi szansę, że tak będzie. Nowe życie mojej skóry to XXX!". I znowu mało polubień, za to w komentarzach burza.

„Firma X testuje na zwierzętach, więc niestety nie ma nic wspólnego z pięknem" – pisał ktoś. Inny dodawał: „Proponuję przeczytać skład produktu, przestałam śledzić Pani kanał, bo zaczyna być reklamowy". Kolejny mnie pouczał: „Sławę warto wykorzystać, ale do szczytnych celów; może bezdomne

zwierzęta, niepełnosprawne dzieci, ochrona środowiska itd…".
Jeszcze inny komentarz miał z założenia wzbudzić we mnie
poczucie winy: „Jest Pani dla mnie inspiracją, bo wiem, że do-
szła Pani do tego miejsca tylko dzięki systematycznej pracy
i pogodzie ducha, podziwiam Panią, mimo wszystko kanał
przestaje być taki naturalny, prawdziwy".

Czułam jednak nie winę, ale oburzenie. Moje posty to re-
gularna praca. Mogłam ten czas poświęcić wyłącznie sobie,
ale podjęłam decyzję, że podzielę się z innymi osobami tym,
co zrobiłam. Nie z rozbuchanego ego, ale by pokazać, że ra-
dykalna zmiana jest możliwa w każdym wieku.

Swoją drogą, te reklamowe próby wiele mnie kosztowały.
Kosmetyki, które dostałam do testowania, miałam pokazać na Instastories i precyzyjnie zaprezentować, jak je na-
kładam. Pielęgnacja skóry to jednak dość intymna sprawa,
w każdym razie dla mnie. Siedziałam przed telefonem, na-
kładałam kremy na twarz i nagrywałam moje komentarze.
Czułam się przy tym idiotycznie i mam nadzieję, że niewiele
osób zauważyło i pamięta tamte filmiki.

Szukałam odpowiedzi na pytanie, dlaczego dosięga mnie
krytyka za pracę, jaką wykonuję. Jestem dorosła, robię to,
co robię, na swoje konto. Zjedliby mnie w komentarzach,
gdybym ośmieliła się negatywnie ocenić czyjś wygląd czy
zachowanie. Czyli mnie można krytykować, ale ja już nie

mam prawa nic powiedzieć? O nie, ten numer ze mną nie przejdzie.

Moje kolejne poczynania reklamowe były już bardziej udane, także jeśli chodzi o komentarze. Wzięłam udział w nagraniu filmu wyświetlanego na ekranach Jet Line. Chodziło o akcję „kobieTY, wiedźMy i reklama". Mój przekaz był prosty i oczywisty. Na co dzień pamiętaj o tym: „Nie bój się zmian – bój się stagnacji i codzienności! Przewróć swoje życie do góry nogami! Kobieta szczęśliwa, kobieta wysportowana. Jestem młoda, bo tak chcę! W każdym wieku życie jest piękne!".

Billboardy pojawiły się na ulicach w Warszawie, Krakowie i we Wrocławiu. Razem 190 ekranów. Puchłam z dumy. Jeszcze bardziej, gdy dostałam zaproszenie od znanej podcasterki Asi Okuniewskiej. Godzinna rozmowa w studiu. Nagranie bez cięć. Od razu przypomniałam sobie moje pierwsze nieudane wystąpienie w radiu. Choć miałam obawy, na spotkanie poszłam podekscytowana. Po wszystkim podcastu wysłuchałam raz i wystarczy, a do Asi napisałam: „To dla mnie zaszczyt siedzieć z Tobą na tej samej kanapie, na której siedziała Marylka Rodowicz. Jedna kanapa, różne dziewczyny, różne tematy. To była trudna rozmowa, lecz wydaje mi się, że potrzebna. Dzisiaj nikt z młodych nie myśli, że kiedyś przyjdzie czas, że pojawią się na ich twarzach zmarszczki.

Trzeba się na ten czas przygotować, żeby łatwiej można go było zaakceptować!".

Na liczniku instagramowym wybiło 8000. Pomyślałam: „Nieźle". Chwilę później nastał czas żniw. To już był skok do innej wirtualnej ligi.

Na moim profilu mogłam się pochwalić: „Zostałam nominowana w plebiscycie Ofeminin Influence Awards 2020, organizowanym przez największy w Polsce serwis dla kobiet ofeminin.pl w kategorii Change Leader. Za promowanie zdrowej diety i sportu także wśród seniorów i seniorek, za zwiększenie widoczności seniorek w społeczeństwie. Jestem zaskoczona i zaszczycona. Znaleźć się w tak wspaniałym towarzystwie pięknych, młodych kobiet? To niesamowite! To dla mnie wielka nagroda. Dziękuję ofeminin.pl, dziękuję Wam wszystkim, którzy mnie obserwujecie i czytacie. Z Wami fajniej żyć. Mam poczucie, że robię coś dobrego, a ta nominacja to potwierdza".

Za nominacją poszło zaproszenie na wywiad dla portalu. Grażyna Latos, która go przeprowadziła, tak rozpoczęła swój artykuł: „Pani Irena zamiast uniwersytetu trzeciego wieku wybrała siłownię. Dziś ma formę nastolatki. »Obiecałam sobie, że muszę z tą dziewczyną zrobić coś fajnego« – mówi o sobie Irena Wielocha. Choć skończyła 67 lat, siły ma więcej niż niejedna trzydziestolatka. A wszystko dlatego,

Pierwsza sesja z agencji AS Management dla marki Half Price.
Wskoczyłam na billboard w samym centrum Warszawy i innych miastach.

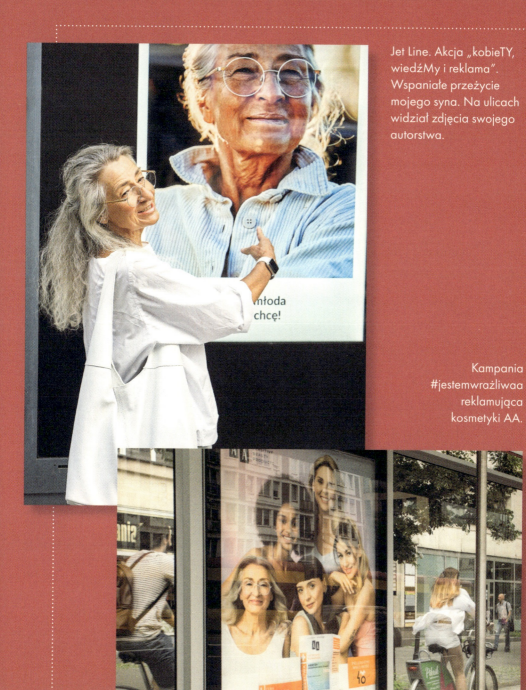

Jet Line. Akcja „kobieTY, wiedźMy i reklama". Wspaniałe przeżycie mojego syna. Na ulicach widział zdjęcia swojego autorstwa.

Kampania #jestemwrażliwaa reklamująca kosmetyki AA.

że w pewnym momencie postanowiła coś zmienić. Zamiast czołgać się po górach, chciała po nich biegać. A dziś, 10 lat później, jako @kobieta.zawsze.mloda inspiruje na Instagramie innych. Sama mówi: »Cieszę się, że zamiast na uniwersytet trzeciego wieku poszłam na siłownię. Bo nagle odkryłam, że pod tymi zwałami tłuszczu jest fajna dziewczyna«".

Byłam wzruszona, zaskoczona, może nawet nieco przerażona tym, jak szybko można wkroczyć na drogę popularności, którą zamierzałam wykorzystać do tego, by namawiać ludzi do zmian.

Pojawiły się propozycje kolejnych wywiadów. Jestem szczególnie zadowolona z wywiadu, jaki powstał dla serwisu WP Kobieta. Aleksandra Sokołowska napisała: „Irena Wielocha to seniorka z powerem. Trenuje pięć razy w tygodniu, trzyma dietę. W sieci znana jako Kobieta Zawsze Młoda, pokazuje, że chcieć to móc. Ma 68 lat, za sobą ogromną metamorfozę, zmianę stylu życia, sposobu myślenia. Przed sobą ma za to jedno marzenie. Chce być młoda".

Na liczniku instagramowym było już 10 tysięcy obserwujących.

Niepisanym przywilejem influencerów jest to, że dostają od różnych firm prezenty, które mają później zareklamować na swoich kanałach. Taki epizod też miałam w swoim życiu. Akurat wyjechaliśmy z mężem do ukochanego Olchowca, dołączył do nas syn, który zna się na fotografii. I to on zrobił zdjęcia tych wszystkich cudownych prezentów. Doświadczenie ciekawe, choć nie mam ochoty na więcej. Taką akcję można przeżyć raz i wystarczy.

Przestałam przyjmować „prezenty", które wymuszały na mnie zobowiązania. Zaczęłam zdawać sobie sprawę z tego, że nie jest to czysty układ. Dostajesz paczuszkę i masz moralny obowiązek za nią podziękować. A żeby podziękować, trzeba robić za modela, fotografa, stylistę, scenarzystę zdarzenia. Czytać i odpowiadać na nie zawsze pochlebne komentarze. To trudna i odpowiedzialna praca, a zarobku nie ma. Na dodatek przysłane produkty często zalegają w domu. Nie, mnie to nie odpowiada.

Gdy analizuję dziś moje wejście w media, zawsze wspominam sesję dla magazynu „Zwierciadło". Zaproszenie przyszło 4 lipca 2020 roku, cztery dni później odbyła się sesja, a magazyn ukazał się we wrześniu jako numer październikowy. Akurat było lato. Zazwyczaj tę porę roku spędzamy w górach. Byliśmy jednak przejazdem w Warszawie i już mieliśmy wracać do Olchowca, gdy dostałam wiadomość: „Dzień dobry, jestem z magazynu »Zwierciadło«. Chcielibyśmy zrobić z Panią sesję. Czy mogę prosić o telefon lub mail, podam więcej szczegółów. Pozdrawiam". Samochód zapakowany na wyjazd, a tu coś takiego. Trudno było nie skorzystać z okazji. Mąż nie był zachwycony, że dodatkowych parę dni trzeba będzie zostać w Warszawie. Wiedziałam jednak, że takiej szansy nie mogę zmarnować. Olchowiec poczeka, zaś „Zwierciadło" niekoniecznie. To miała być moja pierwsza profesjonalna sesja w jednym z poczytniejszych tygodników kobiecych.

Okazało się, że szefowa działu Uroda tego magazynu zauważyła mnie podczas imprezy firmy kosmetycznej X. Sesja była potrzebna do artykułu o urodzie. Zdziwiłam się. Ja i uroda? Jak mówić o urodzie 68-letniej kobiety? Artykuł miał dwie bohaterki: młodą i piękną aktorkę Orinę Krajewską, tą drugą byłam ja. Najpierw czekała mnie wizyta w salonie kosmetycznym. Wyszłam stamtąd z pięknymi paznokciami u rąk i nóg. Potem w studiu czekały na mnie fryzjerka i makijażystka. Mają dziewczyny fach w ręku: zrobiły ze mnie piękną kobietę. Na koniec praca z fotografką. Efektem siedmiu godzin pracy były dwa wspaniałe zdjęcia. Opublikowano je w „Zwierciadle" razem z krótkim wywiadem. Na wyimek przy zdjęciu redakcja wybrała ważne dla mnie słowa: „Człowiek ma dwa życia, to drugie rozpoczyna się, gdy uświadomi sobie, że ma jedno. Nie ja jestem autorką tych słów, ale Konfucjusz. Czuję jednak, że to zdanie dobrze opisuje moją sytuację. I każdej osoby, która chce coś zmienić. Irena Wielocha".

Moja pierwsza sesja profesjonalna dla „Zwierciadła".
Gdy zobaczyłam swoje fotografie w magazynie, przeżyłam szok.

Mam jedno życie, jedną szansę. Nie chcę tylko marzyć. Chcę, żeby marzenia się spełniały. Nie przepuszczę żadnej okazji, by tak się stało.

Byłam szczęśliwa. W mediach społecznościowych napisałam: „Cóż tu dodać? Jest już październikowe wydanie »Zwierciadła« i są tam moje dwa przecudne zdjęcia i krótki wywiad. Nie wiem, jak to się stało. Nie rozumiem, dlaczego ja. Traktuję to wyróżnienie jak nagrodę za mój trud

Osnowa – kampania AW2020 Together
– *Close to nature, close to each other.*

pracy nad sobą. Trud, żeby odzyskać zdrowie, sprawność i młodość. Były kłopoty, były potknięcia, był ból, ale też i mój upór. Zawsze będę młoda! Jest to mój ostatni cel, cel prawie nieosiągalny. Nieosiągalny? Nie, nie ma rzeczy nieosiągalnych!".

Decyzja o wzięciu udziału w sesji dla „Zwierciadła" okazała się ważna dla mojej przyszłości. Wkrótce po publikacji zaczęło się dziać. Dostałam kolejną nominację do nagrody. Miesięcznik „Twój Styl" zorganizował akcję #poswojemu, która kończy się wyborem Doskonałości Sieci 2020. Kategorii było pięć: uśmiech, pasja, zmiana, wiedza, rozwój. Wśród nominowanych same sławy: Małgorzata Kożuchowska, Agata Młynarska, Dominika Kasińska, Anna Czartoryska-Niemczycka, Bogna Sworowska. Mnie zakwalifikowano do kategorii zmiana. Podzieliłam się na Instagramie i Facebooku tą świetną wiadomością. I poprosiłam o oddanie głosu na mnie. Zaczęłam się jednak zastanawiać, czy naprawdę potrzebuję takich konkursów. Dlaczego wciąż każą nam rywalizować? Nie wystarczy to, co robię dla siebie? Myślałam: „Może trzeba poprzestać na tej publiczności, jaką zdobyłam w mediach społecznościowych". Wszelkie tego typu konkursy teoretycznie mają na celu dobrą zabawę, ale tak naprawdę chodzi o wyścig, kto będzie lepszy, kogo ludzie bardziej polubią. Nie taki miałam cel, gdy postanowiłam wejść do mediów społecznościowych.

Gdy biłam się z takimi myślami, przyszła propozycja sesji dla firmy modowej Osnowa. Po doświadczeniach ze „Zwierciadłem" wiedziałam, że lekko nie będzie, ale nie bałam się. To była pierwsza kampania reklamowa, w której wzięłam udział. Cieszyłam się, że przekaz firmy na temat ekologii jest tożsamy z tym, co sama myślę.

Na sesji poznałam wielu interesujących ludzi. Dobrze się czułam w towarzystwie znacznie młodszych ode mnie modelek. Po raz kolejny odkryłam, że faktycznie jestem młoda, tylko tak głupio wyglądam. Wrażenia? Jak po dobrym treningu: zmęczenie i ogromna radość. To kolejna nagroda za moją wytrwałość! Warto? Oczywiście!

Osnowa o swojej kampanii napisała: „Różnie znaczy pięknie. Przedstawiamy nową, jesienną kolekcję opartą na ważnych dla nas wartościach: bliskich relacjach, więzi z naturą i szacunku dla różnorodności. Kolekcji przyświeca hasło: *Close to nature, close to each other*. Bycie razem niezależnie od tego, jak różni jesteśmy, oznacza wspólne działanie i budowanie bliskości – z drugim człowiekiem i z naturą".

Niech mi teraz ktoś zarzuci, że biorę udział w niewłaściwych reklamach!

Osnowa – kampania AW2020 Together
– *Close to nature, close to each other.*

Sesja dla Bombshe. Cudownie spędzony pracowity dzień.

Zaraz po tej kampanii dostałam propozycję pracy w kampanii firmy This is Commitment. Kolekcja dresów i czapek w różnych kolorach i zestawieniach – 24 stylizacje. Nowa kolekcja prezentowana przez jedną osobę. Wow! Jaki zaszczyt, jaka odpowiedzialność! Już po pierwszej kampanii zdawałam sobie sprawę, że nie mogę nawalić. Nie ze względu na siebie, ale ze względu na dziewczyny, które na mnie postawiły. Jeśli źle wypadnę podczas kampanii, oberwą one. Praca przy takiej sesji to odpowiedzialność zbiorowa, wszyscy muszą się wspierać, by można było odtrąbić sukces. Inaczej klapa i niesmak.

Na szczęście ta kampania okazała się strzałem w dziesiątkę, a dzień spędzony na planie był tak cudowny, że w żaden sposób nie przypominał harówki. Wszystkie ubrania, jakie prezentowałam, miały niespotykane zestawienia kolorystyczne, nawiązywały do moich lat młodzieńczych, w tle była joga. Przy tego rodzaju pracy czuję, że ubywa mi parę lat. Jestem szczęściarą, że miałam swój udział w tej kampanii. A komentarze pod pierwszym postem z tego wydarzenia rozczuliły mnie. Chwaliły na równi ubrania i modelkę.

Co będzie dalej? Jak się potoczą moje losy w modelingu? Sama jestem ciekawa. Do tej pory nie zdawałam sobie sprawy, jaką moc mają media społecznościowe. Cieszyłam się udanym postem, rosnącą liczbą osób obserwujących na

Instagramie i Facebooku. Ale bez mediów, TV, prasy drukowanej i internetowej tak szybko bym się nie rozkręciła ze swoim przekazem. Dziś na tym rynku nie działam już po omacku. Mam podpisaną umowę z agencją, która mnie reprezentuje. Promuję ubrania, kosmetyki, biorę udział w kampaniach reklamowych firm – to najbardziej mi odpowiada. Modeling to bardzo trudna praca, wymagająca zaangażowania, polubienia tego specyficznego środowiska. Trzeba mieć zdrowie, żeby wytrzymać wielogodzinną sesję. Na razie mam zapał, by to robić. Ten sposób zarabiania i przekazywania innym, że warto się zmienić, warto postawić na siebie, mi odpowiada. A zarobione pieniądze bardzo się przydają. Dzięki nim życie dwojga emerytów jest łatwiejsze. Stać nas na rehabilitację czy kolejne remonty naszego ukochanego domu w Olchowcu.

Sesja dla marki This is Commitment.

8. MOJA PACZKA

Miłości uczymy się w domu. Jaki był mój dom?

Moi rodzice pochodzą zza Buga. Mama (Taisa) mieszkała w Sarnach, ojciec pod Równem. Poznali się przez swatkę za niemieckiej okupacji. Wojna to czas, gdy trzeba podejmować radykalne decyzje. Tak było w przypadku mojej mamy. Jej starsza siostra Gala jeszcze przed wojną wyjechała do Warszawy uczyć się w szkole krawieckiej. Młodsza, Nana, była niepełnoletnia. Z kolei mojej mamie, która była już wówczas młodą kobietą, groziła wywózka na roboty do Niemiec. Aby ratować córkę, babcia wynajęła swatkę, żeby czym prędzej wydać Taisę za mąż.

Ojciec Jerzy pochodził z zamożnej rodziny. Mój dziadek miał dużą pasiekę w Aleksandrii koło Równego. Zapewniał rodzinie życie na wysokim poziomie: mój ojciec miał osobistą nianię. Przed wojną studiował na Politechnice Lwowskiej na Wydziale Chemicznym. Wojna przerwała studia. Miał kłopoty ze zdrowiem, więc nie powołano go do wojska.

Ślubne zdjęcie moich rodziców.
Ślub pod przymusem.

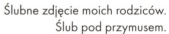

Na naszej półhektarowej działce
w Pyrach. Ojciec posadził tam około
100 drzew owocowych. Było tam też
drzewko wiśni zasadzone z okazji
moich urodzin.

Ślub odbył się w czasie wojny. Nie znam dokładnej daty, ale zachowało się ich ślubne zdjęcie. Oboje pozują z profilu. Nie dlatego, że był to tamtejszy obyczaj fotograficzny. Rodzice nie mieli pieniędzy, więc zapozowali tak, by ślubną fotografię po rozcięciu wykorzystać do kenkarty. Szczegółów mariażu nie znam, ale wiem, że ojciec miał dwie umiejętności, które pozwoliły mu przeżyć niemiecką okupację: umiał pędzić doskonały bimber i robić pastę do butów. Po wojnie postanowił zaciągnąć się do wojska, dzięki czemu miał zapewnioną pracę i mieszkanie. Dostał przydział do jednostki w Gdańsku i mieszkanie poniemieckie w Nowym Porcie. Otrzymywał nie wynagrodzenie pieniężne, lecz tak zwane deputaty, na przykład masło, które mama sprzedawała na bazarze. Jak na tamte czasy, żyło im się – jak później opowiadali – całkiem nieźle.

W Gdańsku w 1946 roku urodziła się moja siostra Elżbieta. Potem ojca przeniesiono do jednostki w Warszawie, gdzie w 1952 roku urodziłam się ja.

Małżeństwo moich rodziców nie było udane. Mam wrażenie, że mama kochała ojca, on jednak nie potrafił być dobrym mężem. Po wojnie ojciec miał problemy z odnalezieniem się w nowej rzeczywistości. Żył własnym życiem poza domem, a tego nie akceptowała mama. Rozwiedli się, gdy byłam w szkole średniej. Już nigdy później nie ułożyły się moje relacje z ojcem. Mieliśmy jednak ze sobą kontakt. Nie umiał być tatą. Choć się starał, zawsze był tylko ojcem.

W porównaniu z moją starszą o sześć lat siostrą byłam dzieckiem nieśmiałym. Ona królowała na podwórku: była sprawna, silna i konkurowała w różnych zabawach z chłopakami. Świetnie grała w zbijaka, dwa ognie, siatkówkę. Tymczasem ja miałam nawet kłopot ze skakaniem w gumę, o grze w siatkówkę nie mogłam nawet marzyć. Nikt mi nie pokazał, jak to się robi. Cała zabawa podwórkowa to była gra w klasy i skakanka. Lubiłam też robić przewrotki na trzepaku, choć mistrzynią w tej dyscyplinie nie byłam. Dobrze grałam w pikuty i w ciupy. Zazdrościłam siostrze jej umiejętności, lecz nie miałam odwagi poprosić ją, by mnie czegoś nauczyła. Wiedziałam, że i tak mnie zlekceważy (na podwórku nie byłyśmy siostrami).

Moje życie podwórkowe skończyło się, kiedy zaczęłam pojawiać się na zewnątrz w chusteczce na głowie. W ten sposób ukrywałam łysą głowę. Jedna z kuzynek chciała mi zrobić loki i grzaną na gazie lokówką spaliła mi włosy. Wyglądałam strasznie. Dzieciaki z podwórka nie wybaczają takich wpadek – dopóki moje włosy nie odrosły, byłam pośmiewiskiem. Nie za dobrze się czułam, gdy dzieci wytykały mnie palcami i recytowały: „Łysa pała w kącie stała". Cóż, w geście samoobrony przestałam wychodzić na podwórko.

W Warszawie mieszkałam na ulicy Koszykowej w domu, który przetrwał wojnę. Mama wspominała, że w pokoju gościnnym jeździłam na tym trzykołowym rowerku dookoła stołu.

Ojciec kochał pszczoły. Zawsze miał pasiekę, nawet pod wierzbą przy ruinach Zamku Ujazdowskiego.

Na zdjęciu jestem
z moją młodszą
koleżanką Anią
Ślączką. Ta mała
dziewczynka pokazała
mi encyklopedię. Było
to dla mnie wielkie
przeżycie.

Moja mama lubiła robić zdjęcia.
Wszystkie moje zdjęcia
z dzieciństwa są jej dziełem.

Każdy z nas mógłby wymienić sytuacje z dzieciństwa, które wpłynęły na to, kim staliśmy się jako dorośli. Dla mnie taką traumą była moja leworęczność. Rodzice ją zaakceptowali, ale w szkole nauczycielka próbowała mnie „naprawić" za pomocą drewnianego liniału. Za każdym razem, gdy brałam ołówek czy pióro w lewą dłoń, dostawałam liniałem po ręce. Samo uderzenie nie bolało tak bardzo jak wstyd, że jestem inna. Wszystkie dzieci na mnie patrzyły, a niektóre uśmiechały się szyderczo. W końcu zaczęłam pisać prawą ręką, ale lewą rysowałam.

W podstawówce nie byłam wybitną uczennicą. Marzyłam o edukacji artystycznej (rysując czy malując, tworzyłam swój świat), a potem o Akademii Sztuk Pięknych, ale ojciec szybko mi te marzenia wybił z głowy. Za jego „namową" w 1966 roku poszłam do technikum chemicznego.

Szkoła średnia pozwoliła mi zbudować siebie. To taki czas, gdy wszyscy startują od nowa, bez obciążeń rodzinnych, szkolnych czy podwórkowych. Byliśmy młodzieżą i świat zaczynał należeć do nas. Powoli nawiązywałam kontakty z koleżankami i kolegami z mojej klasy. Razem chodziliśmy na wagary, często wybieraliśmy się na basen do Pałacu Kultury i Nauki czy jednostki wojskowej w Rembertowie, gdzie też można było popływać. Na przerwach między lekcjami paliliśmy papierosy w toaletach. Umawialiśmy się na lody

W gronie koleżanek
i kolegów z klasy
spędzałam dużo czasu.
Piwo też było.
W końcu byliśmy
prawie dorośli.

Młodzi, piękni, szczęśliwi.
Czas, który wraca we wspomnieniach...

Bal szkolny pod hasłem „Zabawa, jakiej nie było". Wtedy zaczęła się wspólna historia moja i mojego męża.

Trzy przyjaciółki z jednej klasy. Zakończenie roku szkolnego.

Koleżanka Małgosia i ja na naszej działce w Pyrach. Tak, tak, paliłam
już wtedy papierosy. Prawie wszyscy palili.

w warszawskich lodziarniach „Palermo" przy ulicy Moko-
towskiej czy „U Włocha" przy Hożej. Były wspólne niedziel-
ne wyjazdy nad Zalew Zegrzyński. Spędzaliśmy popołudnia, słuchając muzyki (królowali The Beatles, The Rolling
Stones, The Doors, Elvis Presley, Cliff Richard, Paul Anka,
Piotr Szczepanik, Breakout, Czerwone Gitary, Czesław Nie-
men), grając w brydża lub bawiąc się na prywatkach. W przeciwieństwie do wczesnego dzieciństwa te czasy wspominam
bardzo dobrze. Dojrzewałam do dorosłego życia, poznawania świata, ludzi, własnych decyzji, zabawy i nauki zarazem.
Wreszcie miałam swoją paczkę, ludzi mi bliskich, z którymi
chciałam spędzać czas. Wcześniej mi tego brakowało.

9. MAŁŻEŃSTWO NIEDOSKONALE DOSKONAŁE

W szkole średniej poznałam Andrzeja – mojego przyszłego męża. Chodził do równoległej klasy. Był (i wciąż jest) bardzo przystojnym chłopakiem. Miał długie czarne włosy, zaczesywane na bok, palił fajkę. Wszystkie dziewczyny po kryjomu się w nim kochały. Wszystkie poza mną. Już wtedy miałam przekorny charakter: nie miałam ochoty stać w tej kolejce. Obchodziłam go więc szerokim łukiem. Tym bardziej że miałam swoich adoratorów. Jednym z nich był Zbyszek. Chodziliśmy razem na wagary – to był wówczas obowiązkowy element dorastania. Trzeba było tylko postarać się o usprawiedliwienie nieobecności. Na rodziców raczej nie było co liczyć, więc nawzajem pisaliśmy sobie zwolnienia. Zbyszek podkochiwał się we mnie, ale z mojej strony żadnego uczucia do niego nie było. Był z niego świetny kumpel, na dodatek fantastycznie grał w zośkę i potrafił podpowiadać, a że był dobry z wielu przedmiotów, w tej sferze bezgranicznie mu ufałam.

Andrzej był w naszej paczce ze szkoły średniej tylko jedną nogą. Połączył nas taniec.

Mam dobre wspomnienia związane z tańcem. Może dlatego tak łatwo wróciłam do tej formy ruchu. W dawnych czasach dzięki niej byłam przez chwilę sławna. Co prawda, tylko przez tydzień i tylko na uczelni, ale zawsze coś. W ukazującym się co tydzień „Ilustrowanym Magazynie Studenckim" w 1972 roku pojawił się artykuł o VI Akademickich Mistrzostwach Polski w Tańcu Towarzyskim, a w nim wzmianka o mnie i moim partnerze. To były czasy, kiedy nie istniały media społecznościowe ani internet, a komputery były w powijakach.

A było to tak… Rok przed maturą szkoła zorganizowała bal karnawałowy dla uczniów. Pałac Kultury i Nauki w tamtym czasie ogłosił konkurs „Zabawa, jakiej nie było". Nagrodą był profesjonalny kurs tańca towarzyskiego. Całą klasą postanowiliśmy wziąć udział w tym konkursie. Nasz wychowawca miał kolegę plastyka, który zaprojektował dla nas scenografię – Rynek Starego Miasta w Warszawie. Po zajęciach w szkole malowaliśmy dekoracje i ćwiczyliśmy tańce, bo scenariusz zakładał, że pokazujemy, jak bawi się młodzież przy warszawskich przebojach, polkach, tangach. Lekcje tańca prowadzili rodzice. Mieli nas oceniać jurorzy z PKiN. Wśród nich był zawodowy tancerz i trener, pan Mikołaj.

VI Akademickie Mistrzostwa Polski
w Tańcu Towarzyskim w Poznaniu.

Trening na obozie tanecznym.
Stroje mało taneczne, lecz buty
do tańca, choć parkiet z desek,
jak to w remizie strażackiej bywa.

To on wypatrzył naszą szkolną parę tańczącą warszawską polkę i zaproponował jej udział w lekcjach tańca towarzyskiego. I tak na Anię, moją serdeczną przyjaciółkę, i Andrzeja (mojego późniejszego męża) czekała świetna przygoda.

Gdzie w tym wszystkim ja? Na balu ocenianym przez jurorów z PKiN między mną a Andrzejem zaiskrzyło. Pewnie dlatego, gdy okazało się, że ojcowski szlaban z powodu późnych powrotów z treningów uniemożliwił Ani dalsze ćwiczenia, Andrzej poprosił mnie, bym została jego partnerką taneczną. Jasne, że się zgodziłam.

Tańca uczyliśmy się trzy razy w tygodniu. Po szkole biegliśmy szybko do domu na obiad i zaraz potem na trening do Staromiejskiego Domu Kultury na Rynek Starego Miasta. Oj, ale się działo! Wielogodzinne ćwiczenia, turnieje i obozy taneczne, spotkania z zaprzyjaźnionymi klubami, wspólne projekty. Wyjeżdżaliśmy na turnieje na Węgry, do Szombathely, gdzie oglądaliśmy mistrzów. Startowaliśmy w turnieju w Brnie, w Bremie i wielu, wielu innych miastach. Dla nas to była odskocznia od codzienności, coś na kształt światowego życia. Tak nam się wtedy wydawało.

Okazało się, że poza tańcem mamy wiele wspólnego. Oboje na przykład lubiliśmy muzykę, Andrzej szczególnie jazz. Swoją miłość testowaliśmy w górach – doskonały teren na wypróbowanie relacji, polecam wszystkim świeżym parom.

Nasz pierwszy wspólny wyjazd to były Tatry. Andrzej kochał góry i chciał, żebym tę jego pasję podzielała. Nie miałam nic przeciwko. W wakacje przed maturą, nie powiedziawszy nic znajomym, pojechaliśmy do Zakopanego. Andrzej poprosił swoją mamę o wypożyczenie z pracy namiotu („dostać", jak się wtedy mówiło, w sklepie namiot graniczyło z cudem, a i tak nie mieliśmy pieniędzy, żeby go kupić). Za to kupiliśmy książeczki autostopowicza i w drogę. Można je było dostać za grosze, a bardzo ułatwiały podróżowanie autostopem. Machało się nimi, stojąc przy drodze. Gdy kierowca zdecydował się wziąć pasażera, dostawał wyrwany z książeczki talon. Był to dowód, że przejazd jest legalny. Dziś nikt już takich potwierdzeń nie potrzebuje, ale pamiętajmy, że opowiadam o czasach PRL.

Mieliśmy namiot, ale z resztą wyposażenia było kiepsko. Z koców uszyliśmy śpiwory. Nie miałam traperów – musiały wystarczyć trampki. Pieniędzy też nie mieliśmy za wiele.

To był 1970 rok. Podróż autostopem oznaczała jazdę ciężarówkami, bo tylko takie samochody zatrzymywały się i zabierały przygodnych turystów. Po drodze skorzystaliśmy z noclegu w Nowym Targu na kempingu. Pamiętam, że namiot rozstawiliśmy pod jabłonką. Wtedy po raz pierwszy testowaliśmy skuteczność śpiworów uszytych z koców. Już

Czarny Staw Gąsienicowy. Pierwszy wspólny wyjazd w Tatry, autostopem. Zdjęcia zrobione aparatem marki Smiena mojej mamy.

Na biwaku w trakcie podróży autostopem szyłam śpiwory z koców.

nie pamiętam, czy tej nocy zmarzłam. Pamiętam za to spadające z drzewa jabłka, które brudziły namiot.

Dotarliśmy do Zakopanego i rozbiliśmy namiot u gaździny w ogródku przy ulicy Nowotarskiej. Byliśmy szczęśliwi, bo nocleg był tani, a dodatkowo mieliśmy do dyspozycji umywalnię z lodowatą wodą. Nie przeszkadzało nam, że po dwudniowej podróży trudno było się w niej umyć. Nasze posiłki były skromne: na śniadanie bułka z żółtym serem i kakao w barze mlecznym. Na wycieczkę w góry braliśmy cukierki – na kanapki brakowało pieniędzy. Były to nadziewane landrynki o smaku cytrynowym i pomarańczowym. Po zejściu z gór był obiad za 11,5 złotego – ziemniaki z jajkiem sadzonym (jeden obiad na dwie osoby). Nie pamiętam jednak, żebyśmy byli głodni. Cieszyliśmy się każdym dniem spędzonym razem. Taka jest młodość i miłość!

Zakochani czy niezakochani, maturę trzeba było zdać. Strasznie bałam się języka polskiego. Kompletnie nie wychodziło mi pisanie wypracowań. Andrzej akurat z tego przedmiotu był świetny. Nawzajem udzielaliśmy sobie korków: on mnie z polaka, a ja jemu z matematyki. Mój przyszły mąż był pupilkiem wielu nauczycieli, a że po szkole rozeszły się już pogłoski o naszym związku, byłam pod parasolem ochronnym. Przydał się podczas egzaminu ustnego z polskiego. Moje wypracowanie maturalne było słabe. Musiałam więc zdawać ustny. Na szczęście nauczycielki, które mnie odpytywały, uwielbiały Andrzeja. Dzięki jego urokowi dostałam pytania tak proste, że bez problemu na nie odpowiedziałam. A te trudniejsze egzaminatorki zadawały w taki sposób, że łatwo było wywnioskować poprawną odpowiedź.

Z kolei Andrzej był – delikatnie mówiąc – antymatematyczny. Poniosłam kompletną porażkę, gdy uczyłam go sprowadzania ułamków do wspólnego mianownika. Byłam pewna, że nie zda. Miał szczęście – zadania, które były na maturze, znał na pamięć i zdał z bardzo dobrym wynikiem.

Po maturze pojechaliśmy oczywiście w Tatry! Jeździliśmy tam co roku, choćby na krótko. Odetchnąć tatrzańskim powietrzem, zrzucić z siebie wszystko, co było złe. Podczas pobytu w Tatrach nie myślałam o niczym innym, nie miałam zmartwień, miałam tylko góry i Andrzeja.

Kolejne wyjazdy nie były już takie ekstremalne jak ten przed maturą. Mieliśmy bardzo mały, lecz własny namiot, wspaniałe anilanowe śpiwory, buty skórzane na wibramie (takie same mieli pracownicy przy maszynach w Fabryce Wyrobów Precyzyjnych). Do tego wełniane skarpety, samodzielnie zrobione na drutach, spodnie za kolana przerobione ze starych, ochraniacze na buty uszyte przeze mnie z ortalionu. Czuliśmy się dumni, że mamy odpowiedni sprzęt, że nie będzie bąbli na stopach – nie było, gdy już rozchodziliśmy buty – że deszcz nie zmoczy nóg. Mieliśmy brezentowe harcerskie kangurki, które miały nas chronić przed deszczem i przed wiatrem. Nie chroniły.

Coroczne wyjazdy spowodowały, że zrobiło się dla nas w Tatrach ciasno. Zdobyliśmy wiele szczytów: Giewont, Rysy, Czerwone Wierchy, Świnicę, Granaty. Poznaliśmy Tatry Polskie, Wysokie, Zachodnie, Bielskie. Żeby poczuć adrenalinę, zaczęliśmy jeździć w Tatry po stronie ówczesnej Czechosłowacji. Na Gerlach (2655 m n.p.m.), wstyd się przyznać, weszliśmy nielegalnie. Spaliśmy w Dolinie Wielickiej w namiocie rozbitym w kosodrzewinie. Po zwinięciu biwaku sprzęt zostawiliśmy w hotelu górskim. Weszliśmy na szczyt bez szlaku, bez przewodnika, kierując się tylko kopczykami, które były oznakowaniem drogi wejścia. Łatwo nie było, wspinaczkę utrudniała gęsta mgła. Na szczycie szczęście było połowiczne. Góra zdobyta, duma, ale widoków żadnych. Nie mogliśmy zostać i poczekać na chwilę przejaśnienia. Wiedzieliśmy już, jak groźne mogą być góry i że musimy schodzić. Do Doliny Batyżowieckiej zeszliśmy żlebem pełnym śniegu. Na szczęście byliśmy na tyle przezorni, że mieliśmy czekany, które były tu konieczne. Zaśnieżony żleb kończył się ostrym zejściem po łańcuchach. Pamiętam zgrabiałe dłonie, którymi musiałam się trzymać. Potem została do pokonania droga do hotelu po sprzęt, zejście do kolejki i dojazd do Popradu. Tak naprawdę to był najtrudniejszy odcinek naszej wyprawy. Zmęczenie dało nam w kość. Wytrzymaliśmy to. Wspólnie. Takie doświadczenie cementuje związek.

Po maturze każde z nas poszło w swoją stronę. Andrzej to humanista, ja umysł ścisły.

Marzeniem Andrzeja była Państwowa Wyższa Szkoła Teatralna. Już w szkole średniej przygotowywał się do egzaminu. Nie zdał go – zarówno na moje, jak i na swoje szczęście. Aby uciec przed wojskiem (w tamtym czasie służba wojskowa była obowiązkowa dla tych, którzy nie studiowali), po roku pracy jako technik chemik zaczął studia na Akademii Teologii Katolickiej na Wydziale Historii Filozofii. Był szczęśliwy, mógł się intelektualnie rozwijać. Cóż ja miałam do powiedzenia? Nic. Lepsze to niż chłopak w wojsku.

Ja z kolei chciałam się dostać na technologię żywności na SGGW – siedmiu kandydatów na jedno miejsce. Egzaminy z matematyki, chemii i języka zdałam nieźle, ale mimo to zabrakło mi punktów za pochodzenie społeczne (ojciec jako oficer WP był tak zwanym inteligentem). Można było złożyć podanie o przeniesienie na inny wydział, gdzie były wolne miejsca. Był to Wydział Technologii Drewna. Złożyłam tam podanie. Nie miałam nadziei, że się dostanę, bo trzeba było jesienią zdać egzamin z fizyki. Kupiłam skrypt *Fizyka dla kandydatów na wyższe uczelnie techniczne.* Była to tak wielka księga, że na obozie tanecznym w Rucianem-Nidzie służyła mi za szafkę nocną przy pryczy w namiocie. To było jedyne zastosowanie skryptu. Nigdy do niego nie zajrzałam, nie miałam czasu. Były ważniejsze sprawy. Skupiłam się na wakacjach, a rozmyślanie o przyszłości odłożyłam na później. Dzięki temu miałam wewnętrzny spokój i cieszyłam się cudownym latem, obozem tanecznym pod namiotami, pływaniem w jeziorze, tańcem, potem górami.

Gdy wróciłam z wakacji, w skrzynce pocztowej czekał na mnie list z uczelni. Myślałam, że to zawiadomienie o terminie egzaminu z fizyki. Czytam jednak i nie wierzę: „Informujemy, że została Pani przyjęta na studia na Wydziale Technologii Drewna na miejsce rektorskie". Szok, radość!

Dziś, patrząc z perspektywy całego mojego życia zawodowego, widzę, że nie powinnam była się cieszyć. Poszłam na łatwiznę. Wzięłam to, co dał mi los, a nie to, co chciałam sama zdobyć. Pewnie dlatego na studiach byłam zagubiona, nie wiedziałam, do czego zmierzam, nie wiedziałam, co będę mogła po nich robić, gdzie pracować. To nie jest dobre dla młodego człowieka. Szarpałam się, aż w końcu zawaliłam rok. Jednego się nauczyłam. Jeśli nie wiesz, czego chcesz, nie dajesz sobie wyboru. Postanowiłam wziąć się w garść. Zdałam cztery zaległe egzaminy, choć łatwo nie było. Spróbowałam to moje „drewienko" pokochać. Studia skończyłam. Zrobiłam najtrudniejszą specjalizację: Maszyny i urządzenia. Dostawałam stypendium za dobre wyniki. Nie zawaliłam już do końca żadnego egzaminu. Na dyplomie mam ocenę dobrą.

Zaczęłam swoją pracę zawodową w Mazowieckim Przedsiębiorstwie Przemysłu Drzewnego w Łomiankach. Z Andrzejem tworzyliśmy parę od 10 lat, a nasze życie toczyło się bez perspektyw na wspólne mieszkanie i ślub. Nie byliśmy odosobnieni w takich bolączkach, brak lokum doskwierał wielu parom. Nam z pomocą przyszła mama Andrzeja, która pracowała w fabryce i dostała przydział na mieszkanie. Trzeba było tylko mieć książeczkę mieszkaniową. Teściowa miała książeczkę i była długoletnim zasłużonym pracownikiem. Trochę po znajomości załatwiła, że mogła ten przydział scedować na syna. Warunek był taki, żebyśmy wzięli ślub. Będzie małżeństwo, będzie M3. Dla nas to była wspaniała okazja, żeby być razem. Nie mieliśmy środków na wynajęcie mieszkania. Ani ja, ani Andrzej nie wyobrażaliśmy sobie mieszkania z rodzicami. Bez zbędnych ceregieli postanowiliśmy się pobrać. Decyzja nie była trudna. Ja nie miałam wątpliwości, że Andrzej to ten jeden jedyny. Nie było oświadczyn, nie było zaręczyn, nie było pierścionka. Po 10 latach bliskiej znajomości często ludzie mają siebie dość. U nas było odwrotnie.

Scenariusz był krótki: ślub jak najszybciej. Najszybciej, czyli za miesiąc, we wtorek. Ślub kościelny chcieliśmy wziąć później, ale rodzina Andrzeja nalegała, żeby to był ten sam dzień. Nie było to takie łatwe, lecz od czego są koleżanki?! Studiowała ze mną Krysia, której brat był księdzem w kościele Świętego Józefa na Krakowskim Przedmieściu. Czegóż się nie robi dla siostry – zgodził się udzielić nam ślubu we wtorek. Czekały nas jeszcze nauki przedmałżeńskie. Andrzej jako absolwent Akademii Teologii Katolickiej był z nich zwolniony. Ksiądz nie widział powodu, żebym ja musiała na nie uczęszczać. Powiedział: „Narzeczony panią wszystkiego nauczy". To był bardzo dobry uczynek z jego strony.

Zostały tylko sukienka, garnitur, obrączki. To wbrew pozorom okazało się trudne. Wzięłam pożyczkę z Kasy Oszczędnościowo-Zapomogowej w pracy w wysokości 4000 złotych. Zarabiałam 3100 złotych. Moja mama dała mi swoją złotą obrączkę, z której kolega Andrzeja zrobił nam dwa wąziutkie krążki. Krawcowa uszyła dla mnie sukienkę z cieniutkiej wełnianej żorżety. Sama kupiłam materiał. Białego nie było. Nieważne, przecież zielony to mój ulubiony kolor. Sukienkę sama zaprojektowałam. Była dobra na ślub zarówno cywilny, jak i kościelny. Na dwie sukienki nie miałam funduszy. Buty pożyczyła mi siostra. Wiązanka ze storczyków. Welon do takiej sukienki? Nie! Storczyk we włosach musiał wystarczyć.

Ważny dzień
w moim życiu
– 10 października
1978 roku.

Jesteśmy po ślubie 44 lata
i wciąż się do siebie
uśmiechamy.

Nadszedł pamiętny wtorek 10 października 1978 roku. Z rana ślub cywilny w Urzędzie Stanu Cywilnego na Bielanach w towarzystwie par spodziewających się dziecka. Każdy miał swoje powody, żeby ślub odbył się bardzo szybko. Na ślub kościelny przyjechaliśmy nie byle jakim samochodem, bo fordem z rejestracją korpusu dyplomatycznego – CD (wujek Andrzeja pracował wtedy w ambasadzie USA i udało mu się poprosić żonę ambasadora o wypożyczenie samochodu wraz z kierowcą na tę okazję). W tamtych czasach taki samochód na ulicach Warszawy to była sensacja. Zajechaliśmy przed kościół, a tam czekało na nas mnóstwo osób. Właśnie po sąsiedzku na UW skończyło się zebranie Studenckiego Koła Przewodników Beskidzkich, którego prezesem był wcześniej pan młody. Wesela nie było. Tylko najbliższa rodzina zebrała się w mieszkaniu na weselną kolację – żywność była na kartki. Rano wsiedliśmy w autobus PKS i pojechaliśmy do Zakopanego spędzić cztery dni miodowe w Tatrach. Ech, byliśmy szczęśliwi, pogoda była piękna, Tatry, wiadomo, cud natury.

Gdy wróciliśmy do Warszawy, gruchnęła wiadomość, że Polak Karol Wojtyła został papieżem. Polska oszalała, a my uznaliśmy, że to dla nas dobra wróżba na przyszłość.

10. WCALE NIE MAŁA STABILIZACJA

Mąż pracował w Oddziale Warszawskim Biura Podróży i Turystyki Almatur. Był kierownikiem Działu Krajowego i działał w Studenckim Kole Przewodników Beskidzkich. W tym środowisku narodziła się idea przejścia Łuku Karpat. Inicjatorem i później kierownikiem tego przedsięwzięcia był właśnie Andrzej. Był rok 1979, czyli czasy ZSRR; duża część Karpat leżała w Ukraińskiej Socjalistycznej Republice Radzieckiej. Bez tego odcinka Karpat przejście byłoby nieważne. Z kolei wejście na ten teren bez zezwoleń było nierealne. Na zapaleńców (było ich pięciu) nie ma jednak rady. Przygotowania trwały ponad rok. Ułożenie trasy i zdobycie koniecznych pozwoleń wymagały czasu. Panowie postanowili wykorzystać okazję, że w tym samym roku ZSRR organizuje olimpiadę w Moskwie, i formalnie powiązać oba przedsięwzięcia. Z tej okazji napisali do komunistycznych urzędów, ale żadnej odpowiedzi nie dostali. W efekcie szli przez radziecką część w zasadzie nielegalnie.

Organizacja sprzętu i wyżywienia to w tamtych czasach były skomplikowane sprawy. W krajach socjalistycznych panował kryzys żywnościowy. Dostępny wówczas sprzęt biwakowy nie nadawał się na taką wyprawę. Do przejścia było około 2000 kilometrów po górach w Czechosłowacji, Polsce, Ukraińskiej SRR i Rumunii. Według planu miało to trwać trzy miesiące. Cóż, młodzieńczy zapał nie pozwalał zrezygnować. Każdy wiedział, że jeśli teraz się nie uda, nie uda się już nigdy.

Gdy mąż przygotowywał się do wyprawy, okazało się, że jestem w ciąży. Nie wiedziałam, czy się cieszyć, czy martwić. Jak oznajmić to Andrzejowi? Jak zareaguje teraz, gdy Łuk Karpat był jego priorytetem? Do dziś pamiętam jego reakcję. Powiedział: „Na Łuk Karpat i tak pojadę".

Nawet dziś nie umiem powiedzieć, czy się ucieszył na wiadomość o ciąży. Zabolały mnie jego słowa. Nie mam żalu, myślę, że po prostu przeraził się, poczuł się zagrożony. Nie każdy mężczyzna od razu dojrzewa do ojcostwa. On jednak wiedział, jak to jest wychowywać się bez ojca.

Tymczasem dostaliśmy klucze do naszego 50-metrowego mieszkania na Bemowie, przy ulicy Czumy (wciąż tu mieszkamy). Dwa pokoje z oddzielną kuchnią. Gołe, choć wytynkowane ściany, piękna dębowa mozaika na podłodze, w kuchni lamperia, zlewozmywak, kuchnia gazowa,

Mój mąż najlepiej czuł
się w górach.
Tu w Górach
Fogaraskich w czasie
przejścia Łuku Karpat.

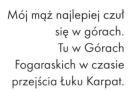

Patrzę w okna przyszłego
mieszkania. Jeszcze nie da się
tam mieszkać, lecz jest już nasze.
Towarzyszy mi siostra.

w łazience żeliwna wanna, umywalka. Dobrze, że ubikacja była osobno. W sklepach kryzys, brak podstawowego sprzętu do wyposażenia mieszkania. Ale byliśmy zdeterminowani – po ślubie mieszkaliśmy kątem z mamą Andrzeja w mieszkaniu zastępczym, gdzie buszowały pluskwy...

Brak możliwości urządzenia mieszkania doprowadzał mnie na skraj rozpaczy. Do tego moja ciąża i pluskwy u teściowej. Tylko działanie mogło mnie uratować od depresji. Za namową koleżanki, która poleciła mi kolegę z pracy mającego tu i ówdzie znajomości, dokonałam najważniejszych zakupów. Opowiem o tym, żeby dać świadectwo, jak się żyło w tamtych potwornie trudnych czasach.

Po meble do kuchni pojechałam z panem, który „mógł coś załatwić", do Wyszkowa, do tamtejszej fabryki mebli. Za nami pojechali samochodem z przyczepką Andrzej i jego przyjaciel Janusz. Miałam już całkiem pokaźny brzuch. Wkroczyłam razem z panem „załatwiaczem" do sklepu firmowego. On przedstawił mnie jako swoją żonę i wyraził chęć kupienia zamówionego wcześniej zestawu mebli. Poinformował też sprzedawcę, że przyjechał ze mną, bo to żona decyduje, jakie meble chce. Luksus, mogłam wybrać zestaw i kolorystykę. Nietrudno było się zdecydować. Do wyboru były tylko meble oklejone folią o rysunku sosny. Mogłam za to wybrać rodzaj szafek. Traf chciał, że w tymże sklepie spotkałam mojego wykładowcę z uczelni. Zobaczył mnie z „mężem" i zrobił wielkie oczy. „Mąż" mógłby być moim ojcem. Zapakowaliśmy meble na przyczepkę i szczęśliwi pojechaliśmy do domu. Byłam bardzo wdzięczna za pomoc.

Meble do urządzenia kuchni już były. Trzeba było jeszcze na czymś spać. W ciąży na podłodze? Przydałby się narożnik, najlepiej rozkładany, bo mieszkanie nie było duże. Przez miesiąc dzwoniłam do słynnego meblowego przy ulicy Emilii Plater nieopodal Dworca Centralnego dowiadywać się, czy mogę odebrać zamówiony przez pana „załatwiacza" brązowy narożnik. Nauczona doświadczeniem wiedziałam, że kolor trzeba ustalić wcześniej. Wreszcie przyszedł ten dzień, kiedy narożnik był do odbioru. Na zewnątrz zima, brzuch wielki, a ja w kozakach na obcasie (innych butów zimowych w sklepach nie było). Mąż w pracy, nie mógł wyjść i mi pomóc. Przed sklepem stały taksówki. Nie bagażowe, takie zwykłe. Miałam szczęście, że pierwsza to była warszawa kombi. Wraz z kierowcą, już niemłodym człowiekiem, cudem zapakowaliśmy narożnik. Hurra! Mamy gdzie spać! Teraz możemy się przeprowadzać.

Tak się żyło, tak się kupowało. Teraz opowiadam o tym z uśmiechem, wtedy jednak nie było mi do śmiechu.

Andrzej miał dużo książek, a w nowym mieszkaniu nie było co z nimi zrobić, brakowało regałów. Mój mąż zwlekał z przeprowadzką. Pojechałam więc do nowego mieszkania sama. Jeszcze tego samego dnia dojechał do mnie. Wiedział, że jestem uparta i postawię na swoim.

W pracy zamówiłam szafę i kupiłam mnóstwo desek na wymarzony przez Andrzeja regał na książki. Tu moja praca jako magistra od drewna się przydała. Jako artystka malarka nie miałabym takich możliwości. Poczułam przez moment, że ojciec miał rację.

Urządzaliśmy mieszkanie własnymi siłami. Brzuch był już tak duży, że trudno było mi pomagać mężowi przy pracach stolarskich. Dwudziestego lutego 1980 roku rozpoczął się poród. Samochodu nie mieliśmy, telefonu też, taksówki nie dało się zamówić. Andrzej poleciał na ulicę i złapał stopa. Udało się dotrzeć do szpitala na czas. Urodziłam córkę szybko, sprawnie i bez kłopotów. Andrzej dał jej dwa imiona: Agnieszka Berenika. „To pierworodna córka, mężczyźnie przysługuje prawo wyboru dla niej imienia" – pomyślałam i tak zostało.

Wiele razem z Andrzejem przetrwaliśmy. Wspólne życie nigdy nie jest autostradą szczęścia. Andrzej zawsze był człowiekiem niezależnym. Czasami mnie to dotykało, ale trwałam w tym związku. Nie było obok mnie żadnego mężczyzny lepszego niż on. On zawsze był moim niedoskonałym ideałem, człowiekiem, przy którym poznawałam świat,

Święta Bożego Narodzenia 1988.
Choinkę zawsze ubierał mój mąż. I zawsze była piękna.

ludzi, ich wady i zalety. Uczył mnie rozumieć innych. Taki jest: akceptuje i stara się zrozumieć każdego człowieka. Ludzie to czuli i lgnęli do niego oraz jego pomysłów, chętnie z nim współpracowali. Muszę przyznać, że zawsze był wobec mnie lojalny, nie zapominał o mnie. Starał się, żebyśmy mogli być razem.

Gdy w 1977 roku wyjechał na wyprawę w Hindukusz, zadbał, żebym ja także spędziła wakacje w górach. Prowadziłam wówczas bazę namiotową w Muszynie-Złockiem,

Zawsze chciałam mieć męża, który byłby moim przyjacielem. Czasem był, czasem nie.

byłam na obozie w rumuńskich górach Capatanii i górach Parâng. On zdobywał góry świata, ja byłam daleko, ale cieszyłam się razem z nim.

Wyprawa w afgański Hindukusz to nie byle co. To sprawdzian możliwości, wytrzymałości, dostosowania się do nieznanych warunków. To była wyprawa nie alpinistów, tylko przewodników beskidzkich. Po zdobyciu dwóch dziewiczych sześciotysięczników, Numer 293 (bez nazwy) oraz południowo-wschodniego wierzchołka Pegish Zom I, uczestnicy wyprawy powrócili cali i zdrowi do kraju. Byli bardzo młodzi i ambitni. Wiedziałam, że na jednej dalekiej wyprawie nie poprzestaną. To oznaczało dla mnie konieczność pogodzenia się z tym, że męża okresowo przy mnie nie będzie.

Małżeństwo zawsze jest trudne, bo wymaga odwagi, miłości, cierpliwości, zrozumienia, akceptacji, szacunku, wyrozumiałości.

Każdy z nas chciałby mieć przyjaciela. W dobrym związku najlepszym przyjacielem jest współmałżonek. Mówię to z perspektywy ponad 40 lat małżeństwa. Jakie ono jest? Na pewno nie idylliczne. Często wbrew sobie szłam na ustępstwa. Wciąż jednak kochałam tego niedoskonałego mężczyznę.

11. MAMĄ JEST SIĘ CAŁE ŻYCIE

Gdy wychodziłam za mąż, normą dla kobiet była ciąża i rodzenie dzieci. Nikt specjalnie tych zdarzeń nie celebrował. To był naturalny element życia małżeńskiego. Wiadomość o potomstwie przyjęłam ze spokojem, bez żadnych obaw. Zaszłam w ciążę w wieku 27 lat, to chyba dobry czas na dziecko.

Urodziłam śliczną córeczkę, ale brak doświadczenia sprawił, że początek macierzyństwa nie był szczęśliwym okresem. Patrzyłam na córeczkę z troską i obawą, żeby nie zrobić jej krzywdy. Była malutka, drobniutka, taka kruszyna z patrzącymi na mnie wielkimi oczami. Obserwowałam ją czasem ze łzami w oczach, uczyłam się macierzyństwa i miłości do dziecka.

Agnieszka według lekarzy była zdrowa, lecz mimo to cały czas płakała. Żadne domowe, babcine sposoby nie działały. Było mi smutno, że nie mogę mojemu dziecku pomóc, bardzo mnie to bolało. Gdy spała spokojnie, co nie zdarzało się często, patrzyłam na nią i sama sobie zadawałam pytanie, jak długo to będzie trwało. Teściowa mówiła, że dziecko z tego wyrośnie... Nie bardzo mnie to pocieszało.

Dziś wiem, że Agnieszka była najprawdopodobniej uczulona na mleko krowie. Szybko odstawiłam ją od piersi. Dla mnie to był niezwykle trudny czas. W Polsce działo się politycznie, a Andrzej – choć wówczas był na wyprawie – miał w swojej historii opozycyjną kartę. Bałam się, że SB będzie się na mnie odgrywało. Nic dziwnego, że straciłam pokarm i musiałam przestawić córkę na mleko krowie. Na dodatek nie miałam wsparcia. Znoszenie i wnoszenie ciężkiego wózka na ósme piętro (bo windy ciągle się psuły) były koszmarem. Nawet nie miałam jak prosić o pomoc, bo najbliższy telefon był dopiero na sąsiednim osiedlu...

Małe dziecko w tamtych czasach oznaczało tetrowe pieluchy i konieczność nieustannego prania (pampersy były tylko w peweksie). Bez pralki ani rusz, ale jak ją dostać? Żeby ją kupić, trzeba było stać dniami i nocami w kolejkach. Dla Andrzeja pieluchy nie były problemem. Usłyszałam, że jego matka całe życie pierze ręcznie, więc ja też mogę. Moja riposta była zdecydowana: „To i w twoim domu może prać pieluchy twojego dziecka". Pomyślałam: tak wygląda proza życia małżeńskiego. Nie będę walczyć z wiatrakami, sama to zorganizuję. Zadzwoniłam do pana, który „może coś załatwić", i po miesiącu czekania pralka była w domu. Nieco wybrakowana…

Normalnie pralki nie dało się kupić, ale na lewo handlowano tak zwanymi odpadami z produkcji, czyli towarem wybrakowanym. Samochód dostawczy wyładowany pralkami przyjechał z Wrocławia pod Ministerstwo Finansów. Oficjalnie były to odpady, których nie trzeba wpisywać na stan sklepu, więc można je sprzedać na lewo. Moja pralka miała obciętą wtyczkę.

Wszedłszy w ten sposób w posiadanie upragnionego sprzętu, załatwiłam jeszcze tylko wtyczkę i mogłam prać pieluchy.

Andrzej cały czas myślami był już na Łuku Karpat. Termin wyjazdu się zbliżał. Byłam przerażona. Ósme piętro, psująca się przy byle okazji winda, brak telefonu (nie tylko w mieszkaniu, lecz także na osiedlu), płaczące dziecko, wózek taki duży, że nie można go było wziąć pod pachę i wnieść do mieszkania, brak podstawowych towarów w sklepach. Jak dam sobie radę?

Byłam tak zmęczona płaczem córki i perspektywą wyjazdu męża, że któregoś dnia zapakowałam pieluchy do pralki, włączyłam ją, ale nie włożyłam do umywalki przewodu odprowadzającego wodę. Zalałam całe mieszkanie, drewniana mozaika zniszczona, książki Andrzeja częściowo zalane wodą. (To było jeszcze przed tym, jak załatwiłam regały, więc stosy książek leżały na podłodze).

W czerwcu 1980 roku mąż wyruszył na wyprawę Łukiem Karpat. Zostałam sama z trzymiesięcznym dzieckiem. Czasami wpadał do mnie ojciec. Był synem pszczelarza. Bez pszczół nie umiał żyć, zawsze miał ule, a na emeryturze nawet dużą pasiekę. Wpadał na herbatkę, gdy wracał z działki. Zaopatrywał mnie zresztą w takie ilości miodu, że mogłam go sprzedawać sąsiadkom.

Nieobecność męża to był dla mnie bardzo trudny czas. Brakowało mi wsparcia, brakowało mi Andrzeja.

Wyprawa zakończyła się po 90 dniach, przejściu 1904 kilometrów i pokonaniu 70 900 metrów przewyższeń (podejść). Prowiant, ubrania na zmianę i buty dostarczały członkom wyprawy grupy wspierające (członkowie koła i żony zdobywców). Nie było możliwości komunikacji bezpośredniej, nie było telefonii komórkowej, nie było GPS-u, tylko mapy, nie zawsze doskonałe.

Nawet ja dołączyłam do grupy wspierającej na odcinku polskim – spotkałam się z wyprawą na Przełęczy Knurowskiej w Gorcach. Przywiozłam kolegom dwukilogramową suszoną kiełbasę krakowską, którą mama Andrzeja wystała w kolejce. Spotkałam się tam z mężem na dwa dni. Córeczka została w domu pod opieką teściowej.

Gdy Andrzej wrócił w październiku 1980 roku, córka miała siedem miesięcy. Polska była inna po Sierpniu 1980. Dzięki temu, że miałam radio i telewizor, mogłam śledzić, co się dzieje, jak zmienia się kraj. Radio to Wolna Europa, telewizor to olimpiada w Moskwie i gest Kozakiewicza wykonany po skoku, który dał mu złoty medal, ale też relacje z wydarzeń sierpniowych. Tym żyła cała Polska. Rosła nadzieja na wolność.

Wkrótce potem nadeszły stan wojenny, godzina policyjna, łapanki opozycjonistów, czytanie literatury podziemnej, jej kolportaż. Znowu strach: o męża i dziecko.

Martwiłam się o zdrowie Agnieszki. Cały czas było z nią źle. Płacz i częste stolce przez 11 miesięcy nie wróżyły nic dobrego. Mąż miał znajomą pediatrę, zaprosił ją do naszego domu. Lekarka przebadała dziecko i stwierdziła, że najchętniej wzięłaby je do szpitala na badania. Nie zgodziłam się od razu, potrzebowałam czasu. Tymczasem po tej wizycie córeczka ozdrowiała jak za dotknięciem czarodziejskiej różdżki. Prawdopodobnie minęło uczulenie pokarmowe, o którym już wspomniałam.

Gdy córka skończyła trzy lata, po urlopie macierzyńskim wróciłam do pracy. Trzeba było łatać nasz budżet. Teściowa poszła na wcześniejszą emeryturę i zadeklarowała, że zajmie się małą. Była świetną babcią, jednocześnie kucharką i sprzątaczką w naszym domu. Zdała egzamin na piątkę z plusem. Bardzo nam pomogła. Jednak po roku rannego wstawania i dojeżdżania z Żoliborza do nas na Bemowo miała serdecznie dość. I wcale jej się nie dziwię.

Co można było zrobić? Dać córę do przedszkola. Łatwo powiedzieć. Do przedszkoli chodziły dzieci po znajomości albo synowie i córki nauczycieli. Nam przedszkole nie przysługiwało. Któregoś dnia przyszłam do pracy i oznajmiłam swojemu szefowi, że od jutra nie przychodzę, dopóki nie znajdę dla dziecka przedszkola. Zaproponował mi pomoc w znalezieniu miejsca dla mojej córeczki w przedszkolu milicyjnym, które było w pobliskim komisariacie. Nie przyjęłam tej propozycji. Wiedziałam już, że za darmo nic nie dostanę. W taki czy inny sposób będę za to musiała zapłacić. Mój szef zrozumiał. Był bardzo uczynnym człowiekiem. Miał dodatkową pracę: uczył w szkole zawodowej w klasie stolarskiej. Zaproponował, żebym przejęła te lekcje, co da mi możliwość umieszczenia córki w przedszkolu. Nawet się nie zastanawiałam. Zostałam nauczycielką. Było to moje zajęcie dodatkowe, bo nadal pracowałam w stolarni. Moja córka dostała miejsce w najbliższym przedszkolu bez żadnych kłopotów. Wystarczyło zaświadczenie od dyrektorki szkoły, że jestem tam zatrudniona jako nauczycielka.

Jeden kłopot z głowy. Następne w kolejce czekały na rozwiązanie. Musiałam przygotowywać się do lekcji, sprawdzać klasówki. Nie miałam już pomocy teściowej, a na mojej głowie był dom, czyli gotowanie i sprzątanie. Nie mogłam liczyć na męża – Andrzej miał niestety inne poglądy na temat podziału obowiązków domowych. Nie wiem, jak to wszystko ogarniałam.

W szkole wytrzymałam pół roku. Wszystkim uczniom postawiłam oceny pozytywne i podziękowałam za pracę dyrektorce. Nie dawałam już rady godzić pracy zawodowej z pracą nauczycielki, z dzieckiem w przedszkolu i obowiązkami domowymi. Byłam wykończona. Cel, czyli przedszkole dla córki, osiągnęłam. Zapłaciłam wysoką cenę, ale uczciwie.

Kolejna ciąża była dla mnie szokiem. Okazało się, że nie tylko dla mnie. Teściowa była oburzona z niewiadomych dla mnie przyczyn. Usłyszałam, że to moja wina, że teraz już nie damy sobie rady. Zamiast wsparcia – oskarżenia. Usiedliśmy z mężem, przegadaliśmy sprawę. Dziecko ma być, koniec kropka. Ta rozmowa była mi bardzo potrzebna.

Niedługo cieszyłam się ciążą. Moja mama już od jakiegoś czasu chorowała na parkinsona. Mieszkała z nią moja siostra. Któregoś dnia mama zapalała kuchenkę gazową i rękaw ubrania zajął się ogniem. Siostrze udało się go zgasić, ale skóra mamy była głęboko poparzona. Konieczne było leczenie szpitalne. Poparzony pacjent z chorobą Parkinsona to bardzo trudny przypadek, wymagający szczególnej opieki.

Z niecierpliwością czekałam na drugie dziecko. Nie wiedziałam, jaka będzie jego płeć, ale czułam, że to będzie syn.

Usztywnione ciało chorego tak łatwo nie poddaje się zabiegom, a szpital w tamtych czasach nie zapewniał opieki pielęgnacyjnej. Opiekowałyśmy się więc mamą wraz z siostrą na zmianę przez pół roku. Brzuch mi rósł, ja chudłam. Lekarze ze szpitala w końcu ze względu na mój stan zabronili mi przychodzić do mamy.

W listopadzie 1984 roku z wielkim bólem urodziłam syna. Był zdrowy i piękny. Przy drugim dziecku nie musiałam uczyć się macierzyństwa. Jeszcze w ciąży postanowiłam, że syn będzie miał na imię Mikołaj. Jeździliśmy z mężem w Beskid Niski, patronem tych terenów był Święty Mikołaj, często słyszałam to imię, kochałam te góry, więc nie mogło być inaczej. Mąż wybrał inne imiona: Kacper Wawrzyniec. Ostatecznie stanęło na tym, że będzie Mikołaj Kacper.

Po porodzie miałam anemię. Byłam tak chuda, że nawet mąż i córka, gdy przyjechali po mnie i synka do szpitala, nie poznali mnie, kiedy schodziłam z Mikołajem po schodach.

Kobiety mnie zrozumieją. Czułam niesprawiedliwość życia. Tyle obowiązków, tyle zdarzeń i wszystko na mojej głowie. Uświadomiłam sobie, że równouprawnienia kobiet nigdy nie będzie, jeśli same o to nie zawalczymy. To wtedy zaczęłam być buntowniczką. Przestałam godzić się na rzeczy, które nie były zgodne z moimi wyobrażeniami. Stanowczo i głośno mówiłam „nie". Często przegrywałam, prawie zawsze, ale zdania nie zmieniałam. Cóż, narobiłam sobie wrogów, straciłam wielu znajomych.

To były czasy kryzysu. Kobieta w ciąży dostawała kartki na wyprawkę, czyli podstawowe rzeczy, których potrzebuje malutki człowieczek. Ponieważ syn urodził się dwa tygodnie przed terminem, nie zdążyłam kupić wyprawki. Zrobiła to moja siostra – mąż w tych sprawach czuł się niekompetentny. Kupiła wszystko, co było do kupienia, i postawiła to w dużej torbie w pokoju.

Po powrocie ze szpitala chciałam zmienić dziecku pieluszkę. Zapytałam męża, gdzie je schował. Cóż, wskazał na pakunek przyniesiony przez siostrę, niczego nie wypakował i nie wyprał. Ze łzami w oczach i złością odrywałam metki z pieluszek i pakowałam je do pralki. Andrzej nie czuł się winny, bo przecież nie powiedziałam mu, że wyprawkę trzeba wyprać…

Synek był aniołem, spał po cztery godziny. Chodziłam co chwila patrzeć, czy jeszcze oddycha. Dał mi szansę na regenerację sił. Szybko wróciłam do zdrowia. Byłam szczęśliwa, miałam dwoje wspaniałych dzieci. Bardzo je kochałam. Miłość do nich dawała mi siłę, by pokonywać kolejne trudności, które wkrótce się pojawiły.

Życie obdziela nas ciosami na ślepo. Znacie to przecież. Teściowa się rozchorowała. Moja mama też wymagała opieki. Siostra, która się nią zajmowała, była na skraju załamania. Pewnego dnia przyjechała do mnie, dała mi klucze do mieszkania i oznajmiła, że wyjeżdża. Gdzie i na jak długo, nie powiedziała. Codziennie jeździłam z synem w wózku do mamy dwoma autobusami z przesiadką. Woziłam mamie zakupy, gotowałam obiad i wykonywałam zabiegi pielęgnacyjne. Córka była w tym czasie w przedszkolu.

Urlop macierzyński po urodzeniu syna był zlepkiem samych złych wydarzeń rodzinnych. Teściowa odeszła, a niedługo po jej śmierci zmarła moja mama.

Nauczona, że życie znowu zaraz mi dołoży, czekałam na kolejne złe wydarzenia. Nie wierzyłam, że to już koniec, że mogę żyć normalnie, bez stresów i obaw o zdrowie i życie bliskich. Na szczęście udało się umieścić syna w przedszkolu. Pani dyrektor przyjęła moje drugie dziecko bez pytania o cokolwiek.

Gdy dzieci były małe, Agnieszka bała się, czy będzie tak samo kochana jak Mikołaj. Mały dostawał butelkę, według Agi jej też się należała, choć miała już wówczas ponad cztery lata. Kładła się koło małego braciszka i ciągnęła mleko z butelki, cały czas obserwując Mikołaja. Nie walczyłam z tym, bo widziałam w jej oczach, że potrzebuje takiego zainteresowania.

Ostatecznie dość szybko zrozumiała, że nie ma się czego obawiać. Cieszyła się, że ma braciszka. Ich więź pogłębiała się z czasem, bo spali w jednym pokoju. Zgoda, tak czy siak, musiała być. Oczywiście zdarzały się nieporozumienia między nimi. Nie ingerowałam, uważałam, że muszą się dotrzeć.

Któregoś dnia wróciliśmy z mężem do domu, a w jednym z pokoi zastaliśmy wybitą szybę w drzwiach. Po krótkim śledztwie okazało się, że rodzeństwo się pokłóciło, było trzaskanie drzwiami, szyba wypadła i się stłukła. Jak zareagowaliśmy? Dzieci dostawały kieszonkowe. Uznaliśmy, że muszą po równo złożyć się na szybę. To była prawdopodobnie ich ostatnia taka gwałtowna kłótnia. Po tym wydarzeniu ich niesnaski się skończyły albo, co bardziej prawdopodobne, dochodziło do nich w ukryciu przed rodzicami.

Syn od dzieciństwa interesował się komputerami. W domu był już komputer. Mikołaj szybko nauczył się programowania, przy okazji poznawał język angielski. Jeżeli coś go interesowało, sam zgłębiał temat. Miał i wciąż ma dar uczenia się. Komiksy były jego pierwszymi lekturami. Wstyd przyznać, ale nie znał bajek, które powinno znać każde dziecko. Gdy prababcia przeczytała mu jedną z bajek Andersena, tak się wzruszył, że kiedy wróciłam z pracy, powtórzył mi opowieść ze łzami w oczach. Płakałam razem z nim, bo czułam się winna. Przyznaję, tego elementu dzieciństwa nie dopilnowałam… Córka kupiła bratu w prezencie *Baśnie* Andersena. Czy się z nimi zapoznał? Nie sądzę, był już wtedy na etapie książek science fiction.

Gdy Mikołaj chodził do szkoły średniej, Andrzej postanowił zachęcić go do czytania dobrej literatury. Podrzucił mu wówczas parę książek, mówiąc: „Każdy szanujący się człowiek musi to znać". To były: *Ziemia, planeta ludzi* oraz *Nocny lot* Antoine'a de Saint-Exupéry, a także *Nowy wspaniały świat* Aldousa Huxleya. Nawet po nie nie sięgnął. W czytanie wkręcił się na dobre dopiero po przeczytaniu *Słońce też wschodzi* Ernesta Hemingwaya.

W Tatrach Słowackich. Zabieraliśmy dzieciaki w góry.
Czy były z tego zadowolone? Różnie to bywało.
Na zdjęciu widać, że są szczęśliwe.

W Tatrach Słowackich parę lat później.

Czy na tym polu odnieśliśmy rodzicielski sukces? Cóż, wpływ literatury na życie młodego człowieka nie zawsze jest taki, jak byśmy chcieli. Po przeczytaniu *Gry w klasy* Julio Cortázara Mikołaj zaczął palić gauloises'y, potem pod wpływem *Wielkich wygranych* tego samego autora przerzucił się na chesterfieldy.

Córka miała więcej szczęścia, jeśli chodzi o literaturę. Wspominałam już, że babcia opiekowała się nią przez rok. Dzięki mojej teściowej poznała wtedy bajki, uwielbiała ich słuchać. Tuż przed pierwszą klasą przerobiła z tatą *W pustyni i w puszczy* – siadali wspólnie wieczorami i czytali powieść Sienkiewicza. Książka tak ją pochłonęła, że potem sama zabrała się do niej ponownie.

Z perspektywy czasu widzę, że Agnieszka rozwijała się inaczej niż Mikołaj. Dużo się uczyła, miała cenzurki z czerwonym paskiem. Chłonęła wiedzę z zainteresowaniem. Nie miała kłopotów z nauką. Dużo czytała, sięgała po ambitne pozycje. Chciała pójść do plastycznej szkoły średniej. Jako humanistka z zamiłowania bardzo interesowała się sztuką. Wybrała XXXIV Liceum Ogólnokształcące z Oddziałami Dwujęzycznymi im. Miguela de Cervantesa w Warszawie z klasą plastyczną i hiszpańskim oraz angielskim. Pod koniec drugiej klasy Agnieszce groziło przejście do klasy języka angielskiego o poziom niższej, ponieważ nie dawała sobie rady. W domu postanowiliśmy, że najlepszym wyjściem z sytuacji będzie wysłanie córki do Londynu na obóz językowy. Gdy zapisywałam Agnieszkę, funt był w granicach 5 złotych, a kiedy przyszło do płatności, cena kursu podskoczyła do 7,2 złotego. To były dla mnie ogromne pieniądze, ale nie mogłam się wycofać ze względów formalnych, ale i emocjonalnych, bo nie chciałam przecież zawieść dziecka. Agnieszka była niepełnoletnia, ale musiała jechać sama przez 24 godziny autobusem, a na granicy wytłumaczyć po angielsku, gdzie i dlaczego jedzie. Wreszcie miała dojechać do swojej angielskiej tymczasowej rodziny metrem przez cały Londyn. Bardzo się bała, że się zgubi. Ale dała radę. Na tym obozie nie było żadnego innego dziecka z Polski. To zmusiło Agnieszkę do rozmawiania tylko po angielsku. W wolnych chwilach zwiedzała londyńskie muzea, do których na szczęście wstęp był zazwyczaj darmowy.

Po wakacjach nauczycielka angielskiego zweryfikowała poziom języka Agnieszki. Była zaskoczona postępami, jakie zrobiła. Córka mogła zostać w tej samej klasie. Po maturze zdała na Wydział Konserwacji i Restauracji Dzieł Sztuki na Akademii Sztuk Pięknych w Warszawie.

Po 10 latach pracy w konserwacji wyjechała na studia doktoranckie do Amsterdamu. Kiedy pisała doktorat na tamtejszym uniwersytecie, odwiedziła prawie cały świat,

Powrót z długiej wycieczki po górach. Wszyscy padnięci,
córki nie ma, bo to ona robiła zdjęcie.

w szczególności muzea. Doktorat obroniła w 2021 roku. Gdy
to piszę, zdaję sobie sprawę z beztroskiego tonu opowieści,
ale wierzcie mi, tak łatwo nie zdobyła tytułu. Dziś pracuje
na uczelni w Bernie.

Moje dzieci chodziły do tej samej szkoły podstawowej.
Agnieszka była wzorową uczennicą. Do głowy nam, rodzicom, nie przyszło, że z synem może być inaczej. Już pod koniec pierwszej klasy wychowawczyni Mikołaja powiedziała

mi: „Myślałam, że Mikołaj będzie dobrym uczniem". Wtedy nie zareagowałam, ale pękłam, gdy na jednej z wywiadówek w czwartej klasie usłyszałam od nauczycielki, że syn „jest złym uczniem, nie zawsze jest przygotowany do lekcji, źle się zachowuje, to nie Agnieszka, a szkoda". Oburzyło mnie porównywanie syna do córki i taka pewność w głosie wychowawczyni, że to moja wina. Tym bardziej że ta kwestia padła nie na osobności, ale na forum. Cóż, zapytałam wychowawczynię, czy może o Mikołaju powiedzieć coś dobrego. Nie dostałam odpowiedzi. Przyszłam do domu, ale zamiast skarcić Mikołaja, powiedziałam: „Mikołaj, szkoła jest po to, by ją skończyć, a jaką wiedzę i jakie umiejętności będziesz miał, jakim będziesz człowiekiem, zależy tylko od ciebie".

Dziesięcioletni Mikołaj z obozu harcerskiego w Suścu napisał do mnie taki list (cytuję z oryginalną pisownią): „Kochana Mamusiu! Nie chcę cie martwić, ale niezbyt tu mi się podoba. Co prawda da się przeżyć, ale nie są to najlepsze wakacje, jakie miałem. Wydaje mi się, że z wami pojadę, lecz nie jestem pewien. Nie potrzebuję dużo żeczy. Wystarczy parę bluzek, spodni oraz dużo, dużo picia i słodyczy. Na wartach nocnych jest zimno więc przywieź mi też trochę gór od dresu. Jestem najmłodszy z całego podobozu, ale to mi nie przeszkadza. Na razie nie schudłem, lecz nigdy nic nie wiadomo. Na pomoście nic się nie zmieniło, ale niektóre gwoździe wystają. Nie dawno nadziałem się na jednego i musiałem nosić plasterek. Jedzenie też nie jest najgorsze, ale to zależy kiedy. bardzo lubię moich kolegów, niektórych mniej, niektórych więcej, ale lubię. Mikołaj. P.S. Nie zważaj na ortografię i brzydką pisownię, ale ja po prostu nie mam na czym pisać. Całusów 102 od Mikołaja! PA, PA!".

Kiedy trafiam na ten list w moich rodzinnych archiwach, za każdym razem mam łzy w oczach ze wzruszenia.

Po maturze syn chciał studiować informatykę, ale się nie dostał. Zaczął studia na Wydziale Matematyki na Uniwersytecie Kardynała Stefana Wyszyńskiego. Po roku przeniósł się na matematykę na UW. Był jednak załamany, sukcesów na tych studiach nie miał, a czas płynął. Z własnego doświadczenia wiedziałam, jak to jest, gdy studiujesz coś, co ci nie odpowiada. Nawet jeśli przebrniesz przez studia, pozostają niesmak i poczucie straconego czasu. Trzeba było Mikołaja wesprzeć. Bardzo chciał uczyć się informatyki w Polsko-Japońskiej Wyższej Szkole Technik Komputerowych. Czesne było wysokie, a nasza rodzinna sytuacja finansowa w tamtym czasie była kiepska. Ja miałam kłopoty z pracą, Agnieszka była jeszcze na studiach. Nie wyglądało to różowo. Po naradzie ustaliliśmy, że będziemy utrzymywali Mikołaja, ale pieniądze na czesne musi zarobić sam. Tak też zrobił. Zaczął studiować wieczorowo i pracował jako informatyk z całkiem

Moja rodzina sprowokowała mnie do życia, które daje mi siłę, żeby zachować młodość. Chciałam, żeby zawsze myśleli o mnie jak o młodej kobiecie. Udało się, bo tak myślą. Czasami muszę im przypominać, ile mam lat.

Od lewej: Justyna, permanentna narzeczona mojego syna – archeolożka z wykształcenia, dizajnerka, architektka informacji; César, mąż mojej córki – artysta plastyk, fotograf, nauczyciel języka hiszpańskiego; Mikołaj, syn – programista, artysta fotograf; Agnieszka, córka – konserwatorka dzieł sztuki, doktorka i badaczka sztuki; ja i Andrzej, mąż – filozof, przewodnik beskidzki, redaktor, wydawca książek turystycznych, pasjonat Karpat.

niezłą pensją jak na początek. Ta decyzja dodała mu skrzydeł. Wreszcie był szczęśliwy.

Za nasz rodzicielski sukces uważam to, że do tej pory dzieci dbają nawzajem o swoją przyjaźń. Już jako dorośli młodzi ludzie spędzają ze sobą dużo czasu, razem wyjeżdżają na narty. Gdy córka wyjechała za granicę, syn odwiedzał ją w Hiszpanii, Holandii, a nawet Hongkongu. Zawsze była i wciąż jest między nimi dobra relacja. Uważam, że wsparcie, jakiego udziela sobie rodzeństwo, jest w życiu ważne. I naszym dzieciom się to udaje. Na przykład między mną i siostrą relacje były inne, a dziś jesteśmy dla siebie w zasadzie obcymi osobami.

Cudownie jest móc patrzeć na swoje dorosłe już dzieci i mieć poczucie, że są spełnionymi ludźmi.

Macierzyństwo to opieka i dbanie o dziecko, o jego rozwój fizyczny i psychiczny, to zrozumienie jego potrzeb. Mało kto może dać swojemu dziecku wszystko w sensie materialnym. Moim zdaniem ważniejsze od tego jest zbudowanie w nim pewności, że da sobie radę w każdych okolicznościach, że jest i będzie kochane, że w życiu są większe wartości niż pieniądze, że trzeba szanować każdy dzień.

12. KOBIETA PRACUJĄCA

Po urodzeniu syna (listopad 1984 roku) i kolejnym macierzyńskim wróciłam do pracy. Szef musiał mnie przyjąć, ale nie miał mi nic do zaoferowania. Nie było już dla mnie miejsca. Siedziałam za biurkiem, już nie w stolarni, lecz w zarządzie firmy i nic konkretnego nie robiłam. Zaczęłam szukać pracy. Szybko znalazłam ją w prywatnej firmie meblarskiej. Wtedy (w złotym czasie przedsiębiorczości) wyrastały jak grzyby po deszczu przedsiębiorstwa zagraniczne. Kryzys i dewaluacja złotówki sprawiły, że wszystko, co firmy wyprodukowały, sprzedawało się na pniu. Ssanie rynku było ogromne. Właśnie do takiego przedsiębiorstwa „na fali" trafiłam. Praca nie była jakoś szczególnie ciekawa, lecz dostałam dodatkowe zadania, które bardzo mi odpowiadały: organizowałam firmowe stoiska na targach. Coś nowego, coś, czego nie robiłam. Uczyłam się i cieszyłam, gdy wszyscy byli zadowoleni.

Miałam szczęście, bo właściciel okazał się wspaniałym człowiekiem, znał się zarówno na ludziach, jak i na prowadzeniu firmy. Zaraz po upadku komuny takie cechy u szefa były wciąż rzadkością. Dzięki niemu zrobiłam prawo jazdy. Dostałam samochód służbowy – fiata 126p. Był mi potrzebny, bo firma miała dwa zakłady produkcyjne odległe od Warszawy. Potem odkupiłam to auto za symboliczne pieniądze. Nie było nowe, ale cieszyłam się nim. Szef żartował: „Masz lepszy samochód ode mnie, bo mój jest starszy o dwa lata". Cóż, jego był rzeczywiście starszy, ale to był mercedes 500, w tamtych czasach rewelacja. Na autostradzie rozwijał zawrotną prędkość 240 km/h.

Lata transformacji ustrojowej obfitowały w zawirowania. Po złotym czasie dla prywatnego biznesu przyszedł zastój. Firmy zaczęły cienko prząść, wiele stało na skraju bankructwa, w tym moja. W takich okolicznościach stosunki międzyludzkie się psują. Atmosfera była napięta, a na dodatek brakowało pieniędzy na wypłaty. Nie mogłam tam zostać. Znalazłam kolejną firmę, też oczywiście prywatną. Obowiązywał mnie jednak trzymiesięczny okres wymówienia.

Traf chciał, że w nowej firmie zaczęłam pracę w prima aprilis. I było jak w samospełniającej się przepowiedni – żarty na każdym kroku. Gdy pojawiłam się w pracy, właściciela nie było. Załoga w zniecierpliwieniu na coś lub na kogoś czekała. Nie na mnie: nikt nie wiedział, że mam się pojawić, a szef, który mógłby mnie wprowadzić, nie przyszedł. Pojawił się kilka godzin później. Wygłosił przemowę, z której wynikało, że... szukał pieniędzy na wypłaty. Że ich nie znalazł, było jasne. Obiecał, że będzie szukał dalej. Jak w jakimś koszmarnym kabarecie. Nawet się ze mną nie przywitał. Mógł mnie uprzedzić przed przyjściem do pracy, co się dzieje, ale był z kategorii osób „jakoś to będzie". Nie miałam jednak wyjścia. Chwilę musiałam zostać w tej firmie.

Myślałam, że pechowy pierwszy dzień nie będzie rzutował na kolejne. Myliłam się. Owszem, firma miała perspektywy (miała wyposażyć w meble sieć popularnych restauracji), ale warunki w miejscu pracy były fatalne: małe pomieszczenia, brud, smród papierosów. Jak do takiego biura zaprosić kontrahentów z wielkiej sieci wchodzącej na polski rynek? Szef powiedział: „Pani Ireno, pani tu swoją damską rączką trochę posprząta" (!). Wyobrażacie to sobie? Ale trafiła kosa na kamień. Nie posprzątałam, udałam, że nie słyszę jego „polecenia". W końcu on sam zakasał rękawy. Potem poprosił mnie, żebym na maszynie do pisania (której w firmie nie było) napisała umowę z kontrahentem. Wybuchłam śmiechem. Zażądałam maszyny do pisania i dopiero gdy ją naprędce zorganizował, siadłam do napisania umowy. Problem w tym, że byliśmy już dwie godziny spóźnieni na spotkanie, na którym miała być ta umowa podpisana. Było mi trochę wstyd, ale uznałam, że to nie mój problem, tylko jego. Nie zatrudnił mnie jako sekretarki z umiejętnością szybkiego maszynopisania i podręczną maszyną w torebce. Tych zgrzytów między nami było wiele. Jeśli nie rzuciłam tej pracy od razu, to dlatego, że w gruncie rzeczy była interesująca. Szef jakiś czas spędził w Szwecji, gdzie pracował jako stolarz. Znał nowoczesne materiały i technologie. Można było się od niego dużo nauczyć.

Kontrakt z amerykańską siecią doszedł – mimo perturbacji – do skutku. Robiliśmy wyposażenie wielu restauracji w Warszawie. Nieocenione doświadczenie, bo mogłam współpracować ze wspaniałymi architektami. Dla mnie to była poezja. Piękne projekty, szczegółowy nadzór nad każdym detalem. Podobało mi się to. Idylla może by i trwała dłużej, ale nie byłam w stanie pracować ze wspólnikiem szefa. Toksyczny człowiek. Parę dziwnych sytuacji i już wiedziałam, że nie mam tu przyszłości. Spakowałam swoje rzeczy do pudełka i odeszłam. Byłam najszczęśliwszym człowiekiem na świecie, bo uwolniłam się od tej firmy. Tyle że nowej pracy nie miałam.

Kolejne doświadczenia zawodowe nie były najlepsze. Przyjmowałam zamówienia na realizację kuchni na stoisku w Domach Centrum. Porażka. Tłumy ludzi, głośna muzyka, to nie były warunki do pracy. Następna na tej liście była

Pracowałam w biurze eksportu, ale nie powiem,
żeby ta praca była ciekawa.

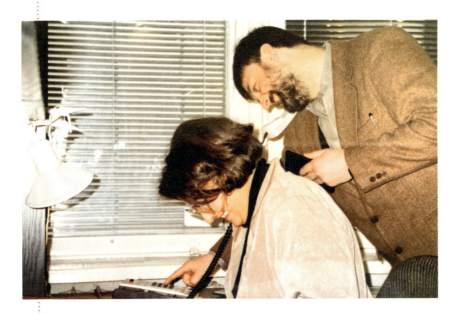

Fantazja architektów często przekraczała możliwości techniczne firmy,
a rozwiązywanie tych trudności dawało mi dużą satysfakcję.
To był doping do własnego rozwoju.

firma budowlana. Dwa miesiące mi wystarczyły. Właściciel firmy w wyszukany sposób publicznie na zebraniach kierownictwa poszczególnych wydziałów obrażał pracowników. Według niego to miała być motywacja do działania. Co tydzień zebranie i co tydzień jedna osoba była grillowana. Nie wiem, jak inni to znosili, ja kiepsko. Zanim przyszła kolej na mnie, złożyłam wypowiedzenie. Kolejna klęska…

Z perspektywy czasu myślę, że moje przykre doświadczenia wynikały także z tego, że nie byłam idealnym pracownikiem. Czytaj: krytycznie patrzyłam na szefów i firmy. Uderzam się w pierś i muszę przyznać, że nie zawsze umiałam rozwiązywać trudne problemy. W tym czasie fantazja architektów przekraczała możliwości techniczne wykonawców. Przełom gospodarczy w tamtych czasach oznaczał także zmiany technologiczne. Wszyscy uczyliśmy się prawie od nowa. Komputery, programy inżynierskie, nowe materiały, maszyny sterowane elektroniką. Trudno było za tym nadążyć. Wiele osób odpadało z tej gry. Nie miałam wyjścia, musiałam dotrzymać kroku zmianom albo czekały mnie kolejne poszukiwania nowej pracy. Zdarzało się, że wymagania były większe niż moje możliwości.

Często zmieniałam pracę, w żadnej jednak nie mogłam się odnaleźć. Oczywiście, że wolałabym ciepłą posadę, a nie niepewność poszukiwań kolejnego miejsca. Skoro jednak nic fajnego się nie trafiało, zmieniałam firmy. Gdy z perspektywy czasu patrzę na moją zawodową historię, nie żałuję żadnej zmiany. Każda praca wiązała się z nowymi doświadczeniami, nie tylko dobrymi, lecz także złymi. Te ostatnie przecież także uczą.

W końcu trafiłam do firmy w Krośnie. Jakim cudem? W Warszawie o pracę było trudno, ale to nie był najważniejszy powód. Tak naprawdę to był pretekst, żeby zamieszkać w Olchowcu, gdzie budowaliśmy dom (o tym miejscu za chwilę). Chodziło jednak nie o przypilnowanie remontu, ale o to, co działo się z moją rodziną. Chciałam, żeby doświadczyli, jak wygląda życie beze mnie. Czy czułam się niedoceniana i przeciążona? W jakimś sensie tak.

Podjęłam decyzję o tak radykalnej zmianie także ze względu na siebie. Potrzebowałam przestrzeni i czasu. Była w tym spora odwaga, choć gdy wspominam trudności z tamtego okresu naszego wspólnego życia, mąż z przekąsem mówi, że miałam je na własne życzenie. Tak było, ale niczego nie żałuję.

Byłam zmęczona serią perturbacji zawodowych w Warszawie. Wiedziałam, że w Krośnie jest fabryka krzeseł. Pomyślałam, że będą tam potrzebowali technologa. Pojechałam do zakładu z pytaniem o pracę. To było bardzo odważne z mojej strony, ale niczego nie ryzykowałam. Zasięgnęłam języka i dowiedziałam się, że firma otwiera nowy projekt produkcji mebli biurowych. Odpowiadało za niego dwóch inżynierów. Postanowiłam, że nawiążę z nimi kontakt. Jakież było moje zdziwienie, gdy zajrzałam do biura i zobaczyłam tam kolegę ze studiów. Ucieszyłam się na widok Piotra. Tym bardziej że ta znajomość mogła mi pomóc w zdobyciu pracy. Powspominaliśmy stare dzieje, pośmialiśmy się. Piotr obiecał, że sprawdzi, jakie są możliwości. Dał mi nadzieję, że wszystko będzie po mojej myśli. Miałam już wówczas prawie 50 lat, ale wiek mi nie przeszkadzał. Marzyłam o pracy, która da mi satysfakcję i pieniądze.

Czekałam na pracę w Krośnie kilka miesięcy. W tym czasie oczywiście się wahałam. Wciąż zastanawiałam się, czy podejmuję słuszną decyzję. Miałam przecież wyjechać do miasta oddalonego o kilkaset kilometrów od Warszawy, gdzie była moja rodzina. Córka była już poza domem, studiowała (i właśnie miała wyjechać na stypendium do Madrytu), ale syn wciąż był niepełnoletni, tuż przed maturą. Mąż wracał z pracy, zjadał obiad i szedł do swoich zajęć – do pracy dla Towarzystwa Karpackiego. Niby wszyscy byliśmy razem, ale osobno. Dzieci odkrywały świat na własną rękę – jako rodzic uważam zresztą, że to konieczne. A ja czułam się zagubiona, niepotrzebna, z kiepsko płatną pracą, która na dodatek nie była łatwa.

Gdy oświadczyłam rodzinie, jakie mam plany, tylko córka mi kibicowała. Ta młoda kobieta u progu dorosłego życia powiedziała mi wtedy coś, czego nie zapomnę: „Mamo, gdy nasi panowie zostaną sami, wreszcie wydorośleją". Miała rację.

Do pracy w Krośnie wyjechałam w czerwcu 2002 roku. Byłam pełna nadziei, ale też niepokoju. Pierwsze dni były trudne. Codzienny dojazd do pracy 70 kilometrów w obie strony. Powrót z pracy do pustego domu w Olchowcu. Okres próbny, trzy miesiące. Po głowie chodziły mi niewesołe myśli. W pracy był chaos (jak to na początku), a w domu czułam dotkliwą samotność. Pocieszenie znajdowałam w naturze. Do drzwi pukało lato, czekałam na poziomki i rodzinę, która miała zjechać na wakacje.

Wkrótce otrząsnęłam się z pierwszego szoku spowodowanego przeprowadzką. Pomogło mi też to, że praca była ciekawa. Rodziło się coś nowego, a ja brałam w tym udział. Moim szefem był kolega ze studiów, Piotr. Świetnie nam się razem pracowało. Na tyle okrzepłam w nowym miejscu, że zaczęłam myśleć o remoncie domu w Olchowcu. Dobrze mi to zrobiło na głowę, no i miałam zajęcie po powrocie z pracy. Na początek załatwiłam schody wejściowe do domu. Stare były drewniane i już się rozpadały. Marzyłam o schodach z piaskowca. Akurat nasz sąsiad miał takie duże kamienie, które idealnie się do tego celu nadawały. Załatwiłam wykonawcę i zachwycałam się efektem. Schody wyszły piękne i służą nam do dziś. Myślę, że następne pokolenia też będą z nich korzystać. Te remontowe prace dawały mi poczucie sprawczości i były dla mnie formą terapii.

Lato szybko mijało, jesień w górach jest krótka. Moja pierwsza zima w Olchowcu była ciężka. Jak z maleńkiej górskiej miejscowości dojeżdżać codziennie do oddalonego o kilkadziesiąt kilometrów miasta? To są przecież góry, może niskie i niepozorne w lecie, lecz zimą czują się ważne i potrafią ludziom dokuczyć. Na moje szczęście większy śnieg spadł dopiero po Nowym Roku. Dom nie był wtedy jeszcze przygotowany, by spędzić w nim zimę: miałam mało drewna na opał, podłoga na poddaszu przepuszczała promienie słoneczne. Nie ukrywam, że bałam się też śniegu i jazdy po oblodzonych drogach. Dobrym kierowcą czułam się w Warszawie, ale w górach i zimą już nie. Jeździłam wówczas fiatem uno. Staruszek dobrze trzymał się na suchej nawierzchni, ale bałam się, że zimy na górskich drogach nie przetrwa. Na nowy samochód nie było mnie stać. W tej sytuacji postanowiłam spędzić zimę w Krośnie. Tak też zrobiłam, a wolny czas wykorzystałam na stworzenie planów remontowych.

Postanowiłam, że wykończę strych, kupię 10 metrów drewna i na kolejną zimę zostanę w Olchowcu. Łatwo powiedzieć, trudniej wykonać. Całe lato panowała susza.

Woda w studni wyschła. Ratowałam się pobliskim źródełkiem. Trochę jak w średniowieczu. Brzmi może uroczo i romantycznie, ale było to bardzo uciążliwe.

Na wakacje przyjechała do mnie córka. Chciała zrobić prawo jazdy. W Krośnie łatwiej było zdać egzamin niż w Warszawie. Codziennie rano jeździłyśmy razem do Krosna: ja do pracy, Agnieszka na kurs. Po powrocie do domu całe popołudnia spędzałyśmy na noszeniu wody, żeby coś ugotować, żeby wieczorem się umyć i żeby jeszcze starczyło na poranne mycie. Jeśli potrzebowałyśmy ciepłej wody, trzeba było napalić w piecu i podgrzewać ją w garnkach…

Córka zdała egzamin na prawo jazdy za drugim razem. W jej ślady poszedł Mikołaj. Z tą różnicą, że on zdał w Krośnie przy pierwszym podejściu.

Z moich remontowych ambitnych planów niewiele wyszło. Ciągłe przyjazdy dzieci i męża oraz praca sprawiły, że nie miałam czasu myśleć o strychu. Prace przesunęłam na jesień. Zresztą i tak miał je wykonać sołtys Janek, a on – jak to na roli – miał czas dopiero po letnich zbiorach.

Wiele razy przekonałam się, że dobre momenty szybko mijają. Tak było także w przypadku fabryki w Krośnie. Fajny okres w pracy z czasem przeszedł w coś, co już znałam z Warszawy. Z firmy odszedł Piotr. Wkrótce nowi szefowie zarządzili zmianę organizacji pracy. Awansowałam na kierownika działu konstrukcyjno-technologicznego i dostałam „pod opiekę" siedmiu panów. Sytuacja była dla mnie trudna: Krosno, kobieta inżynier, z Warszawy – nie wszyscy moi podwładni to akceptowali. Jeden z panów oświadczył mi w twarz, że o moim awansie musi mu powiedzieć sam dyrektor naczelny, bo on nie przyjmuje tego do wiadomości.

Meble nie były jakoś szczególnie trudne do wykonania, ale moi podwładni nie bardzo znali technologię produkcji. Dyrekcja ufała, że z moją pomocą panowie dadzą sobie radę. W ramach awansu dostałam samochód służbowy. I całe szczęście, bo moje uno już nie dawało rady.

Auto służbowe to najlepszy samochód na świecie. Zdecydowanie zmienił moje życie. Nie miałam ograniczeń w poruszaniu się. Mogłam podróżować do Warszawy nawet co tydzień, mogłam robić wycieczki za granicę, w weekendy zwiedzałam Słowację, byłam na Ukrainie. Inne życie, bez ograniczeń. Tym samochodem przewoziłam z Krosna do Olchowca bele z wełną mineralną do ocieplenia strychu. Codziennie po pracy ładowałam po dwie bele. Gromadziłam materiał do remontu. Wysuszone legary i deski podłogowe już czekały u sołtysa Janka. Na zimę kupiłam drewno opałowe – to były tak zwane metrówki. Każdą metrówkę trzeba pociąć na trzy części i potem porąbać. Nie jest to zadanie dla kobiety, przynajmniej dla mnie. Tę pracę wykonał mój mąż i w ten sposób zapewnił mi opał na zimę.

Z ociepleniem strychu nie zdążyłam przed zimą, więc znowu czekała mnie przeprowadzka do Krosna na kilka miesięcy. O tyle dobrze, że w każdy zimowy piątek po pracy wyjeżdżałam do Warszawy, do rodziny. Wracałam w niedzielę, też późnym wieczorem.

Wynajęte mieszkanie, taki dom bez duszy, bardzo mnie jednak męczyło. Z utęsknieniem czekałam na wczesną wiosnę, by wrócić do Olchowca. Tej zimy nie odpoczęłam, jazdy do Warszawy i z powrotem mnie wycieńczyły. Skończyło się szpitalem, a potem sanatorium.

Czułam, że potrzebuję długich wakacji. Gdy Andrzej wyjeżdżał z dzieciakami w góry, ja pracowałam po 10 godzin dziennie. Tym razem mój organizm powiedział: stop.

Pojechaliśmy z mężem do Rumunii. Spaliśmy we wsiach i w miasteczkach. Chodziliśmy po górach z małymi plecakami na krótkie jednodniowe wycieczki. Na większy wysiłek nie było mnie stać. Najważniejsze, że jak kiedyś byliśmy razem w górach. Nie obyło się bez kłopotów: ugryzł mnie pies pasterski, przez co po powrocie musiałam wziąć serię zastrzyków przeciwko wściekliźnie.

Po tym urlopie nabrałam sił na tyle, że postanowiłam zmierzyć się z kolejną zimą w Olchowcu. Rozsądek podpowiadał mi, że nie jest to najmądrzejszy pomysł, ale naprawdę miałam dość mieszkania w wynajętym lokum. Dopingowało mnie to, że wkrótce kończyła mi się umowa o pracę, a stosunki w firmie zaczęły się psuć. Bałam się, że kolejnej zimy w Beskidzie Niskim może już nie być.

Co się działo w firmie? Produkcja mebli szła świetnie, sprzedaż też dobrze. Wszystkie znaki na niebie i ziemi mówiły, że jest OK. Mimo to atmosfera w pracy nie była najlepsza. Pracownicy w niezdrowy sposób ze sobą konkurowali, wręcz toczyli walki o stanowiska. Nie nadaję się do czegoś takiego.

Na dodatek w Warszawie syn walczył sam ze sobą (szukał swojej drogi na studiach), a mąż nalegał na mój powrót. Nie mogłam jednak rzucić w firmie papierami. Chociaż może mogłam, ale uznałam, że to będzie niewłaściwe. Chciałam zachować się w porządku.

Zima w górach? Urocze, prawda? Gdy jedziemy na ferie, owszem. Gorzej, gdy to nasza codzienność. Ta zima – choć żadne prognozy tego nie zapowiadały – była wyjątkowo ciężka. Pierwszy duży śnieg w Beskidzie Niskim spadł już w listopadzie. Pojawiły się ogromne zaspy. Co rano zastanawiałam się, czy dotrę do pracy. Po zazwyczaj kłopotliwym powrocie do domu czekały mnie jeszcze palenie w piecu i ugotowanie czegoś na obiad, a może kolację. Czasami

Jedną całą zimę mieszkałam
w Olchowcu, dojeżdżając
codziennie do pracy do Krosna.
Było ciężko, czasami bardzo.

miałam dość. Mimo to ani razu nie przyszło mi do głowy, żeby zrezygnować. W pewnym momencie pomyślałam, że to taka gra z samą sobą, kto wygra: ja słaba czy ona silna. Nie wiem, skąd miałam tyle siły. Przecież nie byłam już taka młoda.

Wymyślona przeze mnie gra pozwalała mi przetrwać najgorsze dni. Jak ten, gdy wjechałam samochodem do rowu. Poszłam do pobliskiego gospodarstwa po pomoc. Gospodarz miał już przygotowany ciągnik z wyciągarką. Powiedział: „Niech się pani nie martwi, w tym miejscu takie przypadki przy złej pogodzie zdarzają się bardzo często". I rzeczywiście, nim doszłam do samochodu, kolejne auto już było w rowie. Spóźniłam się do pracy ponad godzinę.

Innym razem byłam zmęczona po pracy i nie założyłam łańcuchów. Pogoda była w miarę dobra, nic nie zapowiadało, że spadnie śnieg. Było ciemno. Dojechałam na Mszankę i tam niespodzianka, nawiało dużo śniegu. Pomyślałam, że nie przejadę. Często stał tam samochód straży granicznej patrolujący okolice. Zatrzymałam się przy tym aucie, wyjęłam łańcuchy. Usłyszałam zgrzyt metalu, obracający się peryskop najwyraźniej mnie śledził. Przywitałam się z panami pogranicznikami i zapytałam, czy nie mogliby pomóc w założeniu łańcuchów. Odzewu nie było. Tylko to skrzypienie peryskopu. „No dobra – pomyślałam – pewnie nie umieją założyć łańcuchów". Poprosiłam więc, żeby mi choć latarkę potrzymali. Cisza, brak reakcji. Zaczął sypać śnieg, a za mną ustawiła się już kolejka samochodów. Słyszałam okrzyki: „No, szybciej!", „Przesuń się!", „Jedź już, do cholery!", „Jakbym miał taką babę w domu, tobym ją przepędził!". Wkurzeni kierowcy zwrócili uwagę żołnierzy. Jeden z wojskowych wyszedł z samochodu i uprzejmie potrzymał mi latarkę. Żaden z panów kierowców nie rwał się do pomocy. Założenie łańcuchów w śniegu nie jest łatwe. Trwało to dość długo. W pewnym momencie nawet przestałam się spieszyć, było mi obojętne, czy zrobię to szybciej, czy wolniej. Przyjechałam do wsi i miałam przed sobą do przejścia do domu dwa kilometry w śniegu (samochód musiałam zostawić na dole, nie przejechałabym nim przez zaśnieżoną szutrową drogę).

Tęskniłam za rodziną. Ponieważ szanse na to, by oni do mnie przyjechali, były małe, ja jeździłam na weekendy do Warszawy. W drodze zawsze słuchałam *Listy przebojów Trójki*. Dla mnie ta 400-kilometrowa droga była relaksem, w przeciwieństwie do tej 70-kilometrowej pokonywanej codziennie z domu do Krosna i z powrotem.

Zima to żywioł, w górach ludzie zdają sobie z tego sprawę. Do mnie, warszawianki, też to w końcu dotarło. I dawałam sobie radę. Człowiek szybko przyzwyczaja się do tego, co go otacza. Myślę, że wiele osób, które znalazłyby się w podobnej sytuacji, też by sobie poradziło. Unikamy jednak wyzwań. Nie lubimy się mierzyć z przeciwnościami. Niepotrzebnie. Czasami trzeba się zdecydować na próbę sił. Żyje się potem spokojniej, z pewnością, że w trudnych chwilach damy sobie radę.

W Krośnie przepracowałam trzy i pół roku. Wróciłam do Warszawy we wrześniu 2006 roku. Szans na podjęcie tutaj pracy nie miałam. Jak zwykle pojawił się strach o pieniądze. Byłam jednak optymistką, choć w urzędzie pracy nie było dla mnie żadnej oferty, a ze względu na mój wiek (wtedy ponad 50 lat) urzędniczka powiedziała, że na zatrudnienie nie mam co liczyć.

Ratunku szukałam u mojego dawnego szefa (tego od przedsiębiorstw zagranicznych). Okazało się, że jego firmę przejęli syn i jego teść. Były właściciel jeszcze pracował, ale był ciężko chory. Pracę dostałam. Firma produkowała meble na zamówienie według projektu architektów. Ja przekładam język architektoniczny na język technologiczny. Pracowałam prawie na półtora etatu, co dawało mi niezłą pensję. Bardzo chciałam pracować do emerytury, ale przyszedł kolejny kryzys gospodarczy. Firma ocierała się o bankructwo, a ja ze strachu przed przyszłością postanowiłam pójść na wcześniejszą emeryturę w wieku 55 lat. Wtedy to było jeszcze możliwe. W pracy wciąż byłam potrzebna, więc nie odchodziłam. Problemem była kadra zarządzająca. Czyli jak zwykle. Szef nie potrafił współpracować. Z pracy odszedł jego teść. Sytuacja była na tyle napięta, że ja także doszłam do ściany. Uznałam, że jestem już dużą dziewczynką i nie muszę godzić się na takie warunki. Szef miał władzę, a ja umiejętności. Skoro nie potrafi ich wykorzystać, niech sobie radzi sam. Wstałam zza biurka, wyszłam i już nie wróciłam. Wypowiedzenie wysłałam mailem już z domu. „Właściwie jestem na emeryturze, pracuję, choć tej pracy nie lubię, trzeba to zatrzymać, żeby móc robić coś innego" – tak wówczas pomyślałam.

Mimo to nie przestałam pracować. Rzuciłam toksycznego szefa, ale szukałam nowego zajęcia. Imałam się wielu prac. Między innymi zatrudniła mnie moja córka w firmie konserwatorskiej, w której pracowała. Tak naprawdę byłam jednak zagubiona. Nie miałam już młodzieńczego zapału, który na niedociągnięcia w miejscu pracy każe patrzeć przez palce. De facto byłam na emeryturze, ale nie wyobrażałam sobie kompletnej bezczynności.

Przyszedł taki poranek, kiedy powiedziałam do lustra: „Teraz ja!".

W pewnej chwili dotarło do mnie, że przez całe dorosłe życie brałam na siebie odpowiedzialność za wszystko, co się wokół mnie działo. Zarówno w pracy, jak i w domu. Załatwiałam sprawy niemożliwe do załatwienia. Myślałam:

„Jeśli nie ja, to kto to ogarnie?". Pracowałam, rodziłam dzieci, prowadziłam dom, z gotowaniem i ze sprzątaniem włącznie, dbałam, by wszystko było wyprane, wyprasowane, żeby obiad był przygotowany na następny dzień. Gdy kupiłam pierwszy samochód, to ja się o niego troszczyłam. Naprawy, przeglądy, tankowanie, mycie to była moja sprawa. Cała organizacja domu i życia to ja. Kłopoty dzieci to moje kłopoty.

Powiedziałam: „Dość!".

Dzieci były już dorosłe. Córka nie mieszkała z nami, syn studiował. Byłam na emeryturze, lecz jeszcze pracowałam. W pracy odpowiedzialność mnie stresowała. Zastanawiałam się, po co mi to. Całą sobą krzyczałam, że wystarczy.

Nie wiedziałam jednak, co dalej z życiem. Czy spędzę je jako bezczynna emerytka?

Przyjrzałam się sobie. Diagnoza była niewesoła. Stwierdziłam, że moje życie nie jest na tyle ciekawe, żebym nie chciała spróbować żyć inaczej. Potrzebowałam rewolucji. Przyniosły ją góry i tamta pamiętna wyprawa, gdy mój organizm odmówił współpracy.

Musiałam przewrócić swoje życie do góry nogami. Rzeczywiście wymagało to wysiłku. Od nowa zorganizować swoje życie? Jak? Jakim kosztem? Kosztem najbliższych? Owszem, tak, nawet kosztem najbliższych, nie da się inaczej. W rodzinie wszyscy powinni w mojej przemianie brać udział. Był opór (zresztą wciąż jest i raczej już nie zniknie), ale moi bliscy zrozumieli, że nic mnie nie powstrzyma. Czy ucierpieli na mojej rewolucji? Z mojej perspektywy nie ucierpieli, a wręcz wiele się nauczyli. Mąż zrozumiał, że obowiązki domowe są wspólne, że samodzielność w życiu to niezależność. Dzieci cieszą się, że mama jest szczęśliwa, robi to, co chce, nie marudzi, nie narzeka, rozwija się. Teraz traktuję swoje życie jak pasję i ciągle szukam możliwości poznawania czegoś nowego. Wiem już, czego nie chcę robić.

Wraz z decyzją o życiowej zmianie przyszedł spokój. Już się nie miotałam. Uspokajała mnie świadomość, że nic nie muszę, a to, co robię, robię świadomie i dobrowolnie. Tak naprawdę odmłodniałam, zeszczuplałam, moje zdrowie się poprawiło, ćwiczenia wzmocniły mnie duchowo i fizycznie.

I co ważne, a może najważniejsze, znalazłam swoje miejsce na ziemi – dom w Olchowcu.

13. OLCHOWIEC – MOJE MIEJSCE NA ZIEMI

om w Olchowcu to właściwie chyża łemkowska, nasz skarb. Mąż jeszcze przed naszym ślubem marzył o domu w górach. Razem z przyjacielem postanowili poszukać takiego domu i go kupić. Nie wiedziałam o tym planie. Dowiedziałam się zaraz po naszym ślubie, więc już miałam w tej sprawie coś do powiedzenia. Jasno i wyraźnie dałam do zrozumienia, że dzielenie domu to nie najlepszy pomysł. Przyjaciel męża nie miał jeszcze rodziny. Pytałam Andrzeja, czy zdaje sobie sprawę z tego, że nie mamy gwarancji, czy się dogadamy. Sprawa przycichła, a zainteresowanie własnym domem zdominowały inne projekty górskie.

W 1991 roku Towarzystwo Karpackie wskrzesiło przedwojenną tradycję kermeszów w Olchowcu. To święto patrona cerkwi, Świętego Mikołaja, które przypada 20 czerwca. Z tej okazji przed wojną wieś organizowała odpust zwany kermeszem. Na pierwszym nie byłam, lecz na drugi pojechaliśmy całą rodziną: mąż, ja, córka i syn. We wsi była jeszcze jedna chyża, której gospodarze nie potrzebowali. Stała

Taką chyżę kupiliśmy.

na podwórku gospodarstwa Jana Toropiły. Obok chyży wy-
budował on sobie nowy dom, murowany, nowoczesny jak na
tamte lata. Stary dom chciał rozebrać i już nawet zaczął to
robić. Rozebrał drewutnię.

Jan robił to – na nasze szczęście – bez pośpiechu. Urodził
się w tym domu. Tu mieszkali jego rodzice, tu umierali. Budynek był przeniesiony ze wsi na kolonię. Jan nie chciał nisz-
czyć historii rodziny i domu. Zaproponował nam, żebyśmy
kupili go z kawałkiem ziemi. Mąż był już w innym świecie,

młodzieńcze marzenia przycichły, przestał myśleć o domu w górach. Zdawał sobie sprawę z tego, że to duże, kosztowne przedsięwzięcie i że jeśli zwiążemy się z tym domem, uciekną nam inne górskie wyprawy. Mimo obaw tak naprawdę niewiele ryzykowaliśmy. Dom nie był drogi, ja właśnie zmieniłam pracę i moje zarobki zdecydowanie wzrosły. Pomyślałam: „Czemu nie? To miejsce w Olchowcu jest cudne, we wsi mało ludzi, turystów prawie żadnych. Na ten kraniec świata mało kto zagląda. Nawet PKS tam nie dojeżdża".

Kiedyś, jeszcze w czasach studenckich, podczas wędrówki przez Beskid Niski trafiliśmy do Olchowca. Nie mogliśmy się stąd wydostać. Musieliśmy na piechotę drałować do cywilizacji.

Czułam, że kolejnej okazji nie będzie. Zdecydowałam, że kupujemy i już. Nie będzie pieniędzy, nie będzie możliwości logistycznych? Trudno, nie ukończymy domu, może go sprzedamy. Dzieciaki były jeszcze małe, ale już się cieszyły z perspektywy, że będziemy mieli dom w górach.

Kupić łatwo, lecz jak taki dom przenieść? Starsi mieszkańcy Olchowca pamiętali z opowiadań, że chyże przenoszono. Cała wieś stawiała się do tej pracy. Dom rozbierali, ładowali elementy na wozy i wieźli w nowe miejsce.

Tym razem miejscowi panowie „inżynierowie" wpadli na jeszcze bardziej zwariowany pomysł. Uznali, że dom postawimy na drewnianych dłużycach (drzewo ścięte prosto z lasu, okorowane), zepniemy klamrami i siłami ciągników przeciągniemy na nowe miejsce. Nic nie miałam do powiedzenia. Głos i zdanie kobiety nie miały znaczenia, nawet jeśli była inżynierem od drewna, więc nawet się nie odzywałam. Wiedziałam, że to nierealne. Mąż też tak myślał, ale zapał miejscowych i ich pewność siebie przekonały go, że to może się udać. Oczywiście, nie udało się. „Fachowcy" zdjęli z dachu kiczki (rodzaj strzechy), potem więźbę i pociągnęli ciągnikami dom. Owszem, ruszyli, ale nie ujechali daleko. Po drodze budynek zaczął się rozpadać.

Ta rozsypka miała swoje dobre strony. Po pierwsze, przekonaliśmy się, że elementy domu nie były w dobrym stanie. Po drugie, część belek dotarła na miejsce, gdzie miał stać dom. No, prawie dotarła.

Był już październik. Co dalej? Pomyślimy wiosną.

Jeszcze przez wiele lat okoliczni mieszkańcy opowiadali o tym wydarzeniu. Gdy pracowałam w Krośnie i mówiłam, że mieszkam w Olchowcu, słyszałam: „O, to tam, gdzie przeciągali drewniany dom". Miałam wrażenie, że trochę kpią, więc się nie przyznawałam, że to o mój dom chodzi.

Odbudową domu początkowo zajmował się Andrzej. Mimo odległości między Warszawą a Olchowcem (około 400 kilometrów) remont szedł dość sprawnie, choć powoli.

Spędzaliśmy tam wszystkie wakacje. Mąż pracował przy domu sam: wybierał kamienie z pobliskiego potoku i murował fundamenty. Potem miejscowi i okoliczni mieszkańcy stawiali belki, budując ściany. Jeszcze tylko pokrycie dachu papą i można było się wprowadzać. Mieszkaliśmy na strychu, a raczej na jego połówce. Na deskach położonych na połowie poddasza ustawiliśmy łóżka polowe i tam spaliśmy. Nie było na dole okien, nie było drzwi. Wejścia do domu strzegły stare drzwi bez zamka, a tylko z uchwytem, w który wkładaliśmy kij i tak blokowaliśmy wejście do środka. W mieście takie prowizoryczne zamknięcie drzwi nie gwarantowało bezpieczeństwa, ale na wsi nie było z tym problemu. Każda obca osoba, która zbliżyłaby się do domu, byłaby momentalnie wychwycona przez czujne oczy sąsiadów. W naszym przypadku Jana, byłego właściciela chaty.

Z takim nieskończonym domem musiały być problemy. I były. Któregoś razu podczas burzy dach zaczął przeciekać od strony południowej. Okazało się, że w poszyciu są dziury. Zrobiły je ptaki, które szukały w deskach owadów. Musieliśmy ewakuować się na drugą stronę poddasza.

Początkowo w Olchowcu nie było ani prądu, ani wody. Nawet pieca nie mieliśmy. Gotowałam posiłki na butli gazowej, myłam naczynia w potoku, wodę nosiłam ze źródełka. Opisuję warunki, w jakich spędzaliśmy wakacje.

Zabytkowa chyża
łemkowska pokryta
kiczkami. Prywatne
Muzeum Tadeusza
Kiełbasińskiego
w Olchowcu.

Kermesz w Olchowcu.
Uroczysta procesja
wokół cerkwi.

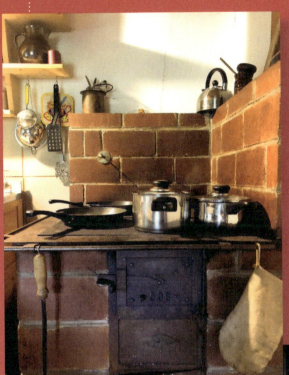

Nasz dom ma dach kryty gontem.
Gont na dachu prezentuje się pięknie,
lecz wymaga stałej konserwacji.

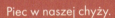

Piec w naszej chyży.

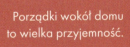

Porządki wokół domu
to wielka przyjemność.

Ale już wtedy kochaliśmy ten dom. Rósł strasznie wolno, ale z roku na rok wierzyliśmy coraz mocniej, że damy radę z budową. Mijały lata, zjawiły się piec, studnia i kran z wodą. Potem okna, drzwi, z czasem podłoga na dole. Z roku na rok coś się działo. Dom odżywał. Czuliśmy się już jego mieszkańcami i gospodarzami i cieszyliśmy się z najmniejszych postępów w pracach wykończeniowych.

Marzeniem mojego męża był stylowy dach. Łemkowie robili go ze słomy – kiczki, czyli wiązki żytniej słomy zebranej na końcu w kulkę. Chcieliśmy zachować tradycję, ale nie dostalibyśmy pozwolenia na taki rodzaj dachu, a kupienie kiczek nie było możliwe. Doszliśmy do wniosku, że gonty będą w porządku, nie będą się kłóciły z architekturą domu.

W końcu doczekaliśmy czasów, że można było w naszym domu zamieszkać także zimą. Co prawda, przez szpary w niewykończonym strychu świeciło słońce, a jego promienie przypominały, że coś z tym strychem trzeba zrobić. Pieniędzy nie zawsze starczało. W złych okresach, gdy miałam problemy z pracą, budowa zatrzymywała się na jakiś czas. Dom czekał cierpliwie, chyba z wdzięcznością, że się nim zajęliśmy.

Na Instagramie o Olchowcu napisałam: „W tym domu każdy przedmiot ma znaczenie. To historia mojej rodziny. Dom budowaliśmy długo. Zarówno ja, jak i mój mąż pracowaliśmy.

Nasz dom w Olchowcu na kolonii.

W naszym domu w Olchowcu zawsze czujemy się szczęśliwsi.

Mieliśmy pracę, po 26 dni urlopu i budowę domu oddalonego od nas o 400 kilometrów. Wyjeżdżaliśmy też na aktywny wypoczynek w góry. Tak sobie myślę, jak nam się to udało. Ile mieliśmy sił i chęci, żeby mieć to cudo. Drewniany dom w najpiękniejszych górach, z dachem pokrytym gontem. Kochamy ten dom i lubimy tu być. Prawda jest też taka, że on cały czas ma swoje potrzeby. Wymaga dużo pracy i zaangażowania. Każdą miłość trzeba pielęgnować".

To prawda, że w naszym olchowieckim domu każdy przedmiot ma znaczenie. Jak porcelanowy talerzyk, z którego jem posiłki. To talerz z poniemieckiego domu, w którym po wojnie mieszkali moi rodzice. Mnie na świecie jeszcze nie było, ale ten talerz przypomina powojenne czasy, o których opowiadała moja mama.

14. ZMIENIAM SIĘ DLA SIEBIE

To wspaniałe uczucie nic nie musieć, żyć bez presji, w swoim tempie, dla siebie. Dojrzałam do tego, że nie muszę być bohaterką, że nie muszę zbawiać swojego świata w każdej chwili. Wyprawy w góry zawsze były dla mnie czasem resetu. Tam naprawdę odpoczywam.

Gdy zdecydowałam się zmienić życie, a kłopoty zdrowotne i wagę już opanowałam, przyszedł czas na namysł nad przyszłością. Sił miałam tyle, jakbym zaczynała życie od nowa. Skoro to mój czas, zmiana musiała być całkowita, czyli taka, która obejmuje także wygląd. Chodziły za mną nowe ubrania, inna fryzura, chciałam zrezygnować z makijażu. Po raz pierwszy (o zgrozo, w wieku 58 lat!) pomyślałam o sobie nie jako o żonie i matce, ale jako o kobiecie. Oczywiście, z tyłu głowy miałam dawną siebie, która wciąż się zastanawiała, czy mąż te zmiany zaakceptuje, czy córka zrozumie, czy syn nie będzie patrzył na mnie jak na dziwoląga… Pragnęłam ich akceptacji, ale jednocześnie rodziła się Kobieta Zawsze Młoda. Ta kobieta kochała bliskich na równi ze sobą.

Tatry Wysokie, Słowacja 2019.
Weszłam na Rysy
w białych rękawiczkach.
Mąż był po operacji serca,
ale też dał radę.

Lato w Olchowcu zwykle
spędzam inaczej niż na tym
zdjęciu. To lato pełne zajęć
wokół naszego domu.

Ona wreszcie zdała sobie sprawę z tego, że dbanie o siebie to nie jakiś egoizm, ale konieczność każdej samoświadomej osoby. Dotarło do niej, że musi zawalczyć o swoje szczęście i swój dobrostan.

Łażenie po sklepach i szukanie nowego stylu bardzo mnie absorbowały. Zeszczuplałam, zmieniła mi się figura, więc przymierzałam, kupowałam, szukałam siebie. Nigdy przedtem tego nie robiłam. Dlaczego? Jeszcze nie znałam odpowiedzi na to pytanie.

Wiele kobiet popełnia takie same błędy jak ja. Tracimy to, co dla nas ważne (same siebie), i nawet nie zdajemy sobie z tego sprawy. Wszystkie kobiety są piękne, lecz nie zawsze umieją lub nie zawsze mogą pokazać się z tej najlepszej, najpiękniejszej strony. Skoro uczymy się jazdy samochodem czy tańca, musimy nauczyć się też, jak o siebie dbać.

Wreszcie zrozumiałam, że chcę od życia wszystkiego, a nie tylko tego, co ono mi podsuwa. Myślałam: „Może ja tak naprawdę dopiero teraz jestem młoda i wolna". Chciałam zapomnieć o latach, które przemknęły i niewiele po sobie zostawiły. Ta nowa ja to był świetny początek życia na emeryturze.

Jestem przekonana, że jesteśmy szczęśliwi tylko wtedy, gdy akceptujemy siebie. Po latach chowania się za potrzebami innych, przede wszystkim najbliższych, postanowiłam dać sobie szansę.

Przechodziłam przez różne etapy postrzegania siebie. Nigdy jednak nie uważałam, że jestem piękną kobietą. Zresztą nikt mi tego tak wprost nie powiedział. Przyjęłam więc do wiadomości, że muszę poprawiać urodę. Już w szkole średniej malowałam oczy. Wówczas uważałam, że makijaż pozwoli mi być ładniejszą. Chyba podmalowane oczy nie uratowały sytuacji, bo nigdy nie usłyszałam: „Masz piękne oczy". Podchodzę do tamtej młodej Ireny z lekką ironią. Przede wszystkim dlatego, że tak naprawdę nie lubiłam się malować. Robiłam to, bo takie zachowania podpatrywałam u rówieśniczek.

Rytuał makijażowy potęgował się, gdy w grę wchodził taniec towarzyski. Patrząc na moje tańczące koleżanki, nie widziałam jednak tych pięknie umalowanych twarzy. Skupiałam się na ruchu ciał. W ogóle uważałam, że dziewczyny były piękniejsze w tańcu. Poza parkietem nie były tak zgrabne, wdzięczne, urokliwe. Już wtedy zdawałam sobie sprawę z tego, jak sylwetka i jej ruch tworzą urok osobisty. Piękno wewnętrzne człowieka jest ważne, ale jesteśmy wzrokowcami. Kiedy byłam tęga, nikt nie zwracał na mnie uwagi – wcale się temu nie dziwiłam. Gdy zeszczuplałam, zaczęłam poruszać się z większym wdziękiem. Zdarzało się, że nawet młodzi panowie zwracali na mnie uwagę. Często w nowym klubie fitness trenerzy podchodzili do mnie i prawili mi komplementy. Sylwetka wciąż była daleka od ideału, ale już było widać pracę, jaką włożyłam w nową siebie. Świetnie się czułam, wszelkie dolegliwości zdrowotne minęły, miałam dobrą kondycję. Osiągnęłam to, co chciałam, a nawet więcej, niż się spodziewałam. Nic dziwnego, że chciałam więcej. Zaczęłam pracę nad doskonaleniem sylwetki.

Schudłam w dojrzałym wieku. Co innego stracić tłuszcz, co innego zbudować mięśnie i spowodować, żeby skóra też zauważyła, że powinna dostosować się do nowej sytuacji. To wymagało pracy. Nie wiem, jak to jest z młodymi osobami, ale rozmawiałam z kolegą, który stracił dużo kilogramów i nie mógł zaakceptować nadmiaru skóry. To rzeczywiście trudne, gdy widzisz, że nie masz brzucha, czujesz, że są tam mięśnie, a skóra pozostaje rozciągnięta. Tak też było ze mną. Zawsze jest coś za coś. Cóż, pozostaje praca, praca, praca. Innej metody nie ma. Jak mówił mój trener – w kształtowaniu sylwetki nie ma drogi na skróty. Więc pracowałam ciężko nad brzuchem.

Wykonując każde ćwiczenie, tak naprawdę pracujemy także nad brzuchem. Nawet zwykły przysiad uruchamia mięśnie brzucha. Wszyscy trenerzy wam to powiedzą: najważniejsze są ćwiczenia na brzuch, reszta mięśni dojdzie do siebie przy okazji. Ta wiedza już się przebija do świadomości ludzi. Gdy wrzuciłam post, jak robię brzuszki (a robię to zwyczajnie, jak w szkole), dostałam ponad 300 tysięcy lajków.

Rzeźbienie sylwetki to mocny trening ukierunkowany na miejsca, które chce się poprawić. Do treningu należy dołączyć dietę. Zdawałam sobie sprawę z tego, że to jest najtrudniejsze zadanie. Liczyłam jednak na to, że pod zwałami tłuszczu jest zgrabna dziewczyna.

Chudnięcie oznacza nowe ubrania. Odkąd straciłam kilogramy, wszystko na mnie wisiało. Trudno, trzeba było się wziąć za siebie i zmienić garderobę. Zaczęłam bawić się we własną stylistkę. Nie robiłam tego szybko, raczej krok po kroku, by po latach zaniedbywania tych sfer nie popełnić gafy. W tej sytuacji postawiłam na proces i dziś uważam, że to była dobra decyzja.

Nie każde nowe zakupy ubraniowe okazywały się strzałem w dziesiątkę. Metodą prób i błędów uczyłam się siebie w nowej odsłonie. Jak to zwykle bywa, na taką naukę potrzebne są pieniądze. Pracy nie szukałam, ale córka ją dla mnie zorganizowała. Zatrudniła mnie przy konserwacji świątyni Diany w Łazienkach. Wow! Konserwacja? Nowe wyzwanie, czemu nie. To było ciekawe i ważne.

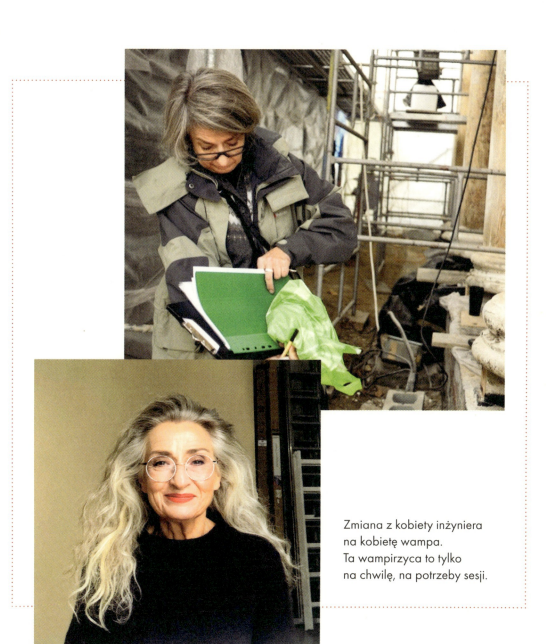

Zmiana z kobiety inżyniera
na kobietę wampa.
Ta wampirzyca to tylko
na chwilę, na potrzeby sesji.

Moje życie przeorientowało się na coś, co pozornie wydaje się błahe: trening i ubrania. Ćwiczenia, wiadomo, to spory wysiłek, ale zakupy? Zapytacie, co w tym trudnego. Niby nic, ale ja myślałam o przemianie całościowo. Chodziło nie o nowy ciuch, ale o nową Irenę. To już było wyzwanie. Z tamtego czasu mam w szafach mnóstwo ubrań, które były mi potrzebne, żeby powiedzieć sobie: „To nie moja bajka, nie mój styl".

Ubranie to twoja druga skóra, musisz się w nim dobrze czuć i dobrze wyglądać. Oczywiście wyćwiczona sylwetka w tym pomaga, bo łatwiej coś dobrać. Co nie znaczy, że osoby o niedoskonałej sylwetce nie mogą dobrze wyglądać – mogą i powinny. Zawsze jest coś do zakrycia, skorygowania.

Skoro jako tako opanowałam ciuchy, przyszedł czas na głowę. Twarz mi wyszczuplała i dawna fryzura do niej nie pasowała. Eksperymentowałam. Może inne okulary? Może bez makijażu?

Z makijażem ostatecznie się pożegnałam. Gdy widziałam swoje zmarszczki na twarzy wypełnione podkładem, stwierdziłam, że wolę naturalną buzię. Szkoda czasu na malowanie. Dobry makijaż zwykle jest czasochłonny. Jednocześnie wiedziałam, że o cerę trzeba zadbać. Najlepszym kosmetykiem jest dieta. To odpowiednie jedzenie powoduje, że skóra, zarówno na ciele, jak i na twarzy, wygląda ładnie i zdrowo.

Oczywiście potrzebne są odpowiednie kremy, jednak nawet najdroższy z nich bez zdrowej diety cudów nie zdziała.

Metodą prób i błędów odkryłam, jak dbać o swoją twarz. W moim kalendarzu raz w miesiącu punktem obowiązkowym jest wizyta u kosmetyczki. Do mojej Ani chodzę od lat i mam do niej absolutne zaufanie. To taki mój skarb. Wychodzę od niej młodsza i piękniejsza. Za jej sugestią zaczęłam nacierać całe ciało olejkiem arganowym. Skórę twarzy też.

Używam dobrych kremów do twarzy, długo testowałam różne specyfiki, aż dobrałam odpowiednie dla siebie. Rzęsy mam czarne, po hennie.

Jest jeszcze jeden kosmetyk, który dodaje urody. To słońce! Oczywiście trzeba umieć z niego korzystać w sposób racjonalny, żeby nie zrobić skórze krzywdy. Mnie słońce jest bardzo potrzebne, więc w pełni z niego korzystam. Wiele osób ma zastrzeżenia co do opalania się. Uważam, że mój organizm potrzebuje słońca. Od dziecięcych lat moja skóra w lecie zawsze była ciemna. Lubiłam się opalać. Dzięki temu nie przeziębiałam się w zimie i miałam dużo energii do wiosny. Dla mnie słońce jest życiem. Skoro tak pozytywnie działa na przyrodę, dlaczego miałoby na mnie zadziałać inaczej?

Wiem, wiem, są choroby związane z nadużywaniem promieni słonecznych. Raz w roku moją skórę ogląda

Długie siwe włosy to mój atut.
Mój syn Mikołaj robi
mi dużo zdjęć.

Moje odkrycie: szpilki
– buty uniwersalne, pasują
do każdej stylizacji.

dermatolog. Dbam o to. Mówią, że od słońca przybywa zmarszczek. Pewnie tak jest, ale nie tylko od słońca. Mnie od słońca przybywa w organizmie witaminy D. Po kąpieli słonecznej biorę prysznic, spłukując się tylko ciepłą wodą bez mydła. Całe ciało smaruję naturalnym olejkiem arganowym. Prysznic z użyciem mydła dopiero po ośmiu godzinach, żeby skóra ogorzała. Ta metoda zapewnia mi maksymalne wchłonięcie witaminy D.

Włosy mam swoje: naturalne, siwe pasma. Farbowałam je prawie przez całe dorosłe życie, robiłam pasemka. Nigdy nie uzyskałam takiego dobrego efektu jak ten, który dostałam w prezencie od matki natury. Nie mam odrostów, a i sporo oszczędzam.

Jeszcze przed emeryturą miałam fryzurę do ucha. Codziennie myłam włosy, żeby je wyprostować i ułożyć. Lubiłam się tak czesać, ale w deszczowe dni, gdy powietrze było wilgotne, na głowie tworzyło się siano. Nie wspomnę, jak się męczyłam w górach, gdzie nie było warunków do mycia głowy.

Długie włosy są kłopotliwe w suszeniu. Męczyłam się z nimi, kiedy zaczęłam je zapuszczać. Aż kiedyś zostawiłam je mokre do wyschnięcia i okazało się, że to był dobry pomysł. Bez suszarki ładnie się pofalowały. Z czasem polubiłam moje włosy w nowym wydaniu. Dla mnie ta informacja miała drugie dno: to natura jest najlepszym doradcą, a ja niepotrzebnie próbowałam to zmienić.

Do dbania o urodę trzeba podejść holistycznie. Od stóp do głów. Każdy element ciała może być piękny. Wiele w ciele można wypracować, a to, czego nie można zmienić, należy dyskretnie ukryć.

Częścią naszej urody jest też sposób bycia. Stan psychiczny oddziałuje na to, jak wyglądamy i jak jesteśmy postrzegani przez innych.

Na Instagramie napisałam: „Chcesz być pięknym człowiekiem? Popracuj nad tym! Piękno człowieka to nie tylko śliczna twarz, ładne ciało, wspaniała sylwetka. Uroda to też piękny charakter, stosunek do ludzi, sposób bycia, poruszania i ubierania się. Nie ma ludzi, którzy mają całe to piękno. Nad wieloma rzeczami trzeba popracować. Jest dużo pięknych osób, choć ich uroda nie jest widoczna od razu. Popracuj nad sobą, stwórz siebie, tak żeby się akceptować, wtedy ludzie będą postrzegać Cię jako osobę piękną, bo zadowoloną z siebie i ze swojego życia, ciągle uśmiechniętą, z otwartym sercem dla bliźnich. Ludzie będą Cię kochać i szanować, choć nie będziesz mieć wymarzonych błękitnych oczu, wspaniałych pośladków i sześciopaku na brzuchu".

Do tych nieco starszych skierowałam inny post: „Jeszcze do dziś funkcjonuje stereotyp kobiety po czterdziestce

Płaszcz, kapelusz, przykrótkie spodnie. Lubię taki styl.
W tle na billboardzie też ja.

– lekka otyłość, ufarbowane siwe włosy, ścięte na krótko, płaski obcas (bo nogi bolą), długa spódnica lub sukienka. No i makijaż, bardzo wskazany, bo pod nim kobieta się chowa i czuje pewniej. Po 50. roku życia stereotyp się nie zmienia, ale dochodzą różne schorzenia, złe samopoczucie, słaba kondycja. No cóż, 50 lat, wiadomo, tak już będzie.

Prywatna sesja w Olchowcu. Fotograf Mikołaj, mój syn.
Uwielbiam to zdjęcie.

I można tłumaczyć sobie, że to tak zwany -siąt. Czyli pięćdziesiąt, sześćdziesiąt, siedemdziesiąt… Dotyczyło to i mnie. Aż przyszedł czas, że zbuntowałam się i postanowiłam: nie będę otyła, będę miała świetną kondycję, włosów nie będę farbować, za dużo mnie to kosztuje czasu i pieniędzy. Szpilki, tak, najbardziej eleganckie buty, jakie wymyślił człowiek, będę wkładać na wyjątkowe okazje. Nie będę robić codziennie makijażu, bo po co? Zajmuje to czas, a kosmetyki są drogie. Teraz już nie muszę chować się pod makijażem, nosić długich spódnic. Czuję się pewnie, bo mam dobrą kondycję i w każdym ubraniu dobrze wyglądam. Zapuściłam włosy, bo tak jest wygodniej. Nie biegam co miesiąc do fryzjera. Nie masz jeszcze 50 lat? Ale zaraz będziesz miała".

Kiedyś jedna z redaktorek na wstępie naszego wywiadu zapytała mnie: „Kiedy pierwszy raz ktoś powiedział, że jest pani piękna?". Zawahałam się i zawstydziłam. Nikt mi tego nie powiedział, nawet mój mąż. Dopiero gdy zaistniałam w mediach społecznościowych, zaczęłam otrzymywać takie komplementy. Myślałam, że te osoby kpią ze mnie. Jak można dojrzeć piękno w osobie, która ma tyle lat co ja? Kiedy byłam młoda, nikt tego nie widział? Źle się z tym czułam i nadal tak się czuję. Przecież każdy człowiek ma piękno w sobie.

15. JESTEM TYM, CO JEM

W spomniałam już, że podczas pracy nad sylwetką musiałam zadbać też o dietę.

Są osoby, które twierdzą, że na samo słowo „dieta" robi im się niedobrze. Nie rozumieją go, kojarzy im się z cierpieniem odchudzania. Skojarzenie tylko częściowo jest słuszne. Dieta musi być zbilansowana. Czyli organizmowi dziennie należy dostarczać odpowiednią ilość białka, węglowodanów, tłuszczów i mikroelementów. W zależności od stanu zdrowia i występujących chorób jadłospis będzie inny. Są też osoby, które mają cel – schudnąć lub przytyć. Różni ludzie, różne diety. Nie ma dwóch takich samych osób, nie ma diet uniwersalnych dla każdego.

Podstawowym elementem diety powinny być produkty zdrowe, czyli niskoprzetworzone i bez konserwantów. Trzeba wciąż przypominać, że od jedzenia zależy nasze zdrowie, nasz wygląd, nasze samopoczucie, nasza energia. Chyba każdy o tym wie, lecz łatwo zapomina, kiedy ma okazję zjeść smacznie, lecz niezdrowo. Nie jestem ekspertem od żywienia, ale dużo dobrego zrobiłam dla swojego organizmu, jedząc posiłki dla mnie właściwe.

Wiem, jak ważny wpływ ma jedzenie na nasz organizm, więc nie mam wyjścia – sama przyrządzam posiłki. Bardzo bym chciała, żeby ktoś zdjął ze mnie ten obowiązek. Nikt nie jest chętny. Co mam zrobić? Gotuję! I jeszcze o tym piszę. Wiem jednak, że z daniami są kłopoty. Co jeść, jak jeść, ile jeść. Jak to ogarnąć, policzyć. Najlepiej byłoby zobaczyć, co jedzą inni i ich naśladować. Ale to tak nie działa.

Dla każdego człowieka można wskazać produkty absolutnie wykluczone i absolutnie konieczne. Dlatego dieta musi być przygotowywana indywidualnie. Dopiero wtedy właściwie działa.

Dużym zaskoczeniem dla mnie był oddźwięk w mediach społecznościowych, gdy pokazywałam niekonwencjonalne zestawienia potraw. Sama eksperymentowałam. Jeśli danie mi smakowało, dzieliłam się przepisami w postach. Ludzie to „kupowali", chwalili, prosili o więcej. Przeszłam długą drogę, żeby ułożyć dobry dla mnie jadłospis, który cały czas ewoluuje. Organizm zmienia się, występują nawet chwilowe załamania zdrowia i trzeba dostosować do tego dietę. To dość trudne do zrealizowania bez profesjonalnego dietetyka, ale nie niemożliwe.

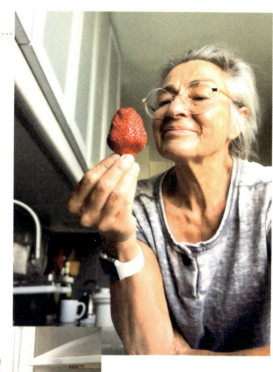

Lubię posiedzieć w swojej
kuchni. Nie zaprzyjaźniłam się
jednak z przygotowywaniem
posiłków. Wiem,
że powinnam, no to gotuję.
Nie tylko do kamery.

Moja warszawska kuchnia jest mała, ale piękna. Sama ją zaprojektowałam z wiarą, że teraz polubię gotowanie. I co? Nie polubiłam. Wiem, że przyrządzanie samemu posiłków jest jedynym rozwiązaniem, żeby były one zdrowe, no i smaczne. Wiem, co jem, jak zostały przygotowane potrawy, jakie zastosowałam przyprawy. Warunek bezwzględny przy stosowaniu zbilansowanej diety. Jedno mi się spodobało w gotowaniu – eksperymenty. Proponuję zestawienia dla niektórych kontrowersyjne. Odnoszę jednak wrażenie, że wielu osobom moje jedzenie się podoba i smakuje. Zestawiam na przykład surowy szpinak z bananem albo żółtą paprykę z granatem. Nie dość, że obie potrawy świetnie wyglądają, to jeszcze są naprawdę zdrowe.

Odpowiednia dieta i wysiłek fizyczny to dwie niezbędne rzeczy, o które trzeba dbać codziennie. To na początek nowego zdrowego życia. Żeby być zdrowym, trzeba jeszcze zadbać o odpowiednią ilość snu i unikać stresów.

Uczyłam się diety. Niby wiedziałam, że należy jeść warzywa. Gotowane potrawy mają większy indeks glikemiczny: im dłużej je trzymasz w wysokiej temperaturze, tym bardziej zwiększasz ich IG. Długotrwałe spożywanie produktów o wysokim IG może prowadzić do nadmiernej wagi. Dlatego ja jem surowe warzywa albo al dente, czyli krótko gotowane.

Zawsze pamiętam, że śniadanie i kolacja powinny być z białkiem i warzywami! Śniadanie musi dać siłę, gdy przed nami ciężki dzień. Z kolei kolacja i dobry sen budują mięśnie. Owoce jem jako dodatek do obiadu lub jako składnik drugiego śniadania, ewentualnie podwieczorku. Węglowodany proste (znajdujące się w owocach) w ciągu dnia mam szansę spalić.

W tworzeniu diety dla siebie warto uwzględnić sezonowość. Wiosną i jesienią powinniśmy przygotować się do zmian pogodowych, które są charakterystyczne dla tych okresów. Nie zawsze organizm na te zmiany szybko reaguje. Właściwa dieta pomaga w walce ze zmienną wiosenną czy jesienną aurą. Trudno będzie pokonać nawet głupi katar, jeżeli nie zadbamy o właściwą dietę.

Kiedyś przeczytałam, że 11 milionów ludzi w ciągu jednego roku umiera z powodu niewłaściwej diety. Więcej niż z powodu palenia papierosów. Przeraziłam się. Wiedziałam, że dieta jest ważna, lecz nie miałam pojęcia, że aż tak. Dziś już nie muszę chudnąć, ale też nie chcę przytyć. Wiem, że jestem „skazana" na dobre jedzenie do końca życia. I tak powinno być. Ta świadomość daje mi nadzieję, że będę zdrowa, silna, czyli zawsze młoda, póki żyję.

Czy jedzenie może być szkodliwe dla zdrowia? Owszem! Podczas produkcji żywności króluje chemia. Produkty

Lubię zbierać grzyby,
lecz nie lubię ich szukać.

Moja lodówka zawsze jest
pełna warzyw i owoców.

są pakowane w plastik. Cóż z tego, że kupisz ryż brązowy (produkt niskoprzetworzony, czyli zdrowy), jeśli będzie on porcjowany do torebek plastikowych, w których go ugotujesz. Cóż z tego, że będziesz jeść chleb razowy (teoretycznie zdrowy), jeśli ma on składniki chemiczne poprawiające smak i jakość pieczenia oraz substancje konserwujące. Nie ma takiej możliwości, żeby całkowicie wyeliminować chemię i plastik z żywności. Bardzo się staram kupować zdrową żywność. Szczerze powiem, nie jest to możliwe. Nawet produkty bio często są pakowane w folię.

Nie trzeba kupować wody w plastikowych butelkach. Można ją zastąpić wodą z kranu. Ekologicznie i taniej. Nie wiemy, jak woda w butelkach jest przechowywana, w jakiej temperaturze, czy nie jest wystawiana na słońce. Wysoka temperatura i promienie słoneczne powodują uwolnienie toksycznych chemikaliów z tworzywa sztucznego do wody. Na dodatek woda w butelkach czasami jest mineralizowana. Zbyt duża ilość minerałów jest tak samo szkodliwa jak ich brak. Już nie wspomnę o ekologicznej stronie używania plastikowych butelek do produkcji wody.

Sama piję przegotowaną wodę z kranu, miętę, herbatkę z hibiskusa. Od święta czerwone wino. Woda z kranu jest bardzo dobra. Znawcy mówią, że jest bezpieczna, ja i tak piję przegotowaną. Nie wiem, jaki jest stan rur w miejscu, w którym mieszkam. Kawę piję, bo mam niskie ciśnienie i bez porannej małej czarnej usypiam zaraz po śniadaniu. Soków nie piję, bo nie jestem w stanie sprawdzić ich wartości. Poza tym jestem leniwa i wolę zjeść owoce czy warzywa na surowo.

Picie dużej ilości wody i wysiłek fizyczny to moje jedyne i najlepsze sposoby na oczyszczanie organizmu.

Co mogę polecić z moich kuchennych eksperymentów? Ziemniaki zawsze gotuję w łupinach, często po gotowaniu zapiekam je jeszcze w piekarniku, smakują wtedy jak z ogniska. Jem je jednak rzadko i przede wszystkim mało, najwyżej dwa do obiadu. Ryż często podaję z tartym żółtym serem owczym lub ze smażonymi pieczarkami. Do porannego omleta dodaję mielone orzechy (włoskie lub brazylijskie). Kupuję korzeń chrzanu, mąż płacze, ale trze na tarce. Dodaję dużo soku z cytryny, cukier brzozowy i śmietanę kremówkę – nie ma lepszego chrzanu. Lubię majonez, jego największą wartością jest olej. Robię go jednak sama (przepis wzięłam z internetu). Do niedawna jadłam surowe brokuły, teraz je obgotowuję. Najczęściej podaję je na śniadanie lub obiad. Wiele osób to dziwi, a przecież brokuły dostarczają nam witaminę C, kwas foliowy i potas.

Nie jestem specem od jedzenia, ale jem zdrowo, niskokalorycznie i świetnie się z tym czuję. Mięso w sposób naturalny, bez przymusu zastępuję rybami i owocami morza. Jem śledzia, dorsza, mintaja, makrelę. Jeszcze całkowicie nie wyeliminowałam mięsa, bo wiem, że w małych ilościach jest potrzebne naszemu organizmowi ze względu na dużą ilość dobrze przyswajalnego białka, żelaza, wapnia oraz witaminy B_{12}. W moim jadłospisie królują warzywa i owoce. Używam cukru brzozowego, ale tylko jako przyprawy, na przykład do sałatek. Raz w miesiącu pozwalam sobie na zjedzenie ciasta, nie takiego z cukierni, nad którego składnikami nie mam kontroli. Sama piekę piernik, używam prawdziwego miodu i orzechów. Przyznaję, jestem dumna z mojego piernika, jest przepyszny i choć ma dużo kalorii, jest zdrowy.

Niektórzy mówią: „Nie mam czasu na przyrządzanie posiłków, zjem coś na mieście lub zamówię jedzenie pudełkowe". Nigdy w życiu! Musisz znaleźć czas na trening i na przygotowanie posiłków. Bez wymówek! Grasz o swoje zdrowie!

Mój organizm nie wymaga żadnych ograniczeń, jeżeli chodzi o spożywanie produktów spożywczych. Wiele z nich sama eliminuję z mojego jadłospisu. Staram się nie jeść produktów zwierzęcych o dużej zawartości tłuszczu. Wykluczyłam wędliny, wieprzowinę, drób (brojlery), cukier, masło, piwo, alkohol. Gdy chciałam schudnąć, reżim był absolutny. Kiedy osiągnęłam to, co chciałam, jest już więcej luzu.

Jedzenia nie wyrzucam, lecz też nie zjadam wszystkiego, jeżeli uważam, że mam za dużo na talerzu. To, co zostało, zjadam podczas następnego posiłku.

Na swoich profilach w mediach społecznościowych zauważyłam, że posty o jedzeniu są bardzo chętnie komentowane i lajkowane. Obiecałam moim wirtualnym znajomym, że podsumuję całą moją wiedzę na ten temat, opowiadając, co wiem, myślę i jak przygotowuję posiłki. Powstało sześć postów. Nie ma tam przepisów kulinarnych. Jest ich mnóstwo w internecie. Można i należy z nich korzystać, ale niekoniecznie trzeba kopiować wszystko bez zastanowienia. Przytoczę historię, która totalnie mnie zaskoczyła. W mojej wsi jest rodzina, która ma w gospodarstwie pięć krów. Odstawia mleko do skupu, ale zawsze trochę zostawia dla siebie. Gospodyni sama robi masło. Kiedyś zostałam poczęstowana kawałkiem ciasta jej własnej produkcji. Wyczułam margarynę. Zapytałam, dlaczego dała do ciasta margarynę, lepiej i zdrowiej byłoby dołożyć masło. Usłyszałam: „Bo w przepisie była margaryna X". Nie wiedziałam, co powiedzieć…

Przy dietetycznych zmaganiach dla mnie zawsze najtrudniejsze było ułożenie posiłków, żeby było zdrowo i smacznie. Kolejne problemy: jak zrobić, żeby się nie narobić, jak zadowolić wszystkich domowników? Liczyć kalorie? Liczyć ilość białka, węglowodanów, tłuszczów? Jak przyrządzać posiłki?

Tak wyglądają moje posiłki. Dużo warzyw i owoców.
Pięknie, kolorowo, smacznie.

Duże znaczenie w mojej diecie
mają papryka i sałata.

Surowy szpinak i owoce:
maliny lub banan. Dzieci chętnie
jedzą tak podany szpinak.

Gotować? Smażyć? Jeść surowe? Jak jeść po treningu i przed nim? Obłęd. Stwierdziłam, że nie ma na tym świecie osoby, która odpowie na te pytania.

Gdy zaczęłam myśleć o diecie, miałam 24 kilo nadwagi, mocne rokowania na cukrzycę i wysoki poziom cholesterolu. Już trochę ćwiczyłam na siłowni, lecz cały czas waga była stała. Widmo cukrzycy mnie przeraziło, więc zainteresowałam się dietą dla osób z wysokim cukrem i cholesterolem. To było kilkanaście lat temu, w internecie nie było materiałów na ten temat i musiałam sama kombinować. Zaczęłam jeść produkty o niskim indeksie glikemicznym, unikałam tłustych serów. Jadłam wszystkie produkty albo gotowane, albo surowe. Po trzech miesiącach wykonałam badania krwi. Cukrzyca odeszła w zapomnienie, cholesterol był bardzo dobry. Waga – trochę mniejsza. Lato, wyjazd w góry, cały czas dieta i wysiłek fizyczny i poszło. Czułam się świetnie, lecz wiedziałam, że stracić nadwagę to jedno, a utrzymać niską wagę to drugie. Prawdziwa walka z samą sobą dopiero się zaczynała.

Opowiem o jednej z batalii z czasów, gdy już schudłam, ale czułam, że moje ciało jest mi obce. Postanowiłam zwiększyć liczbę treningów do pięciu w tygodniu. Było trochę lepiej. Czułam jednak, że czegoś mi brakuje. Trafiłam na trening metaboliczny – chodzi o tak dobierane ćwiczenia, żeby przyspieszyć spalanie. Dodatkowo na tych zajęciach dostałam spory zastrzyk wiedzy na temat odżywiania i jego znaczenia dla całego organizmu. Chciałam, nie chciałam, po prostu musiałam się zainteresować tym, co powinnam jeść. U mojego ówczesnego trenera zamówiłam dietę spersonalizowaną. Nie była to dieta odchudzająca, wręcz przeciwnie. Chodziło o to, by po pierwszym dużym spadku wagi moje ciało nabrało masy mięśniowej. Taką dietę stosowałam przez rok. Choć była zróżnicowana (dużo mięsa i warzyw), szybko mi się znudziła. Efekty były zadowalające, więc porzucenie obranej drogi nie wchodziło w grę. Wymyśliłam, że w takiej sytuacji, najlepiej opierając się na profesjonalnej diecie, opracować jadłospis samodzielnie. Zaczęłam przyrządzać dania pięknie kolorowe, mocno urozmaicone. Jadłam i ćwiczyłam, ile mogłam. I czułam, że o to chodziło. Dziś nie mam problemów z wagą. Nie tyję i nie chudnę.

Uważam, że bez względu na wiek, tryb życia i cele, jakie chcemy osiągnąć, każdy powinien jeść pięć posiłków w ciągu doby w jednakowych odstępach czasu: co trzy lub cztery godziny. U mnie wygląda to tak: wstaję o 7, śniadanie jem o 8.30, drugie śniadanie o 11.30, obiad o 15.30. Dwa ostatnie posiłki są regulowane godziną treningu. Staram się, żeby przerwa między podwieczorkiem a treningiem była co najmniej dwugodzinna. Po treningu jem kolację. Czasami wypada późno, nawet o 23 (na przykład gdy jestem w Olchowcu). Oczywiście, taki posiłek musi być lekki, przykładowo banan lub jogurt z owocami.

Dietetycy, jak i trenerzy układający diety zalecają stałe godziny posiłków (wręcz z nastawianiem alarmu o określonych porach). Zgadzam się z nimi, choć wiem, że nawet przy dużej dyscyplinie nie jest to w stu procentach wykonalne. Nie żyjemy, żeby regularnie jeść, lecz jemy w miarę regularnie, by żyć zdrowo i dobrze się czuć. Do swojego trybu życia należy dostosować czas i wielkość (skład i kaloryczność) posiłków. Z czasem będzie to nawyk na tyle mocny, że sam organizm upomni się o swoje lub odmówi nadmiaru jedzenia.

Prawidłowe odżywianie to dostarczenie organizmowi odpowiedniej ilości makro- i mikroskładników. Podczas przyrządzania posiłków przyjęłam zasadę (okres eksperymentowania trwał u mnie prawie rok): na śniadanie – jajko, płatki zbożowe, warzywa, pestki dyni lub/i pestki słonecznika, oliwa/olej; drugie śniadanie – warzywa lub owoce, ryż brązowy/dziki, czasem kromka chrupkiego chleba żytniego, wędlina (pieczone mięso) lub ryba; obiad – produkty wysokobiałkowe (mięso, ryby, grzyby, sery owcze, kozie), węglowodany (kasza gryczana biała, ryż brązowy), warzywa, owoce; podwieczorek – produkty strączkowe (na przykład soczewica), warzywa, owoce, oliwa/olej; kolacja – produkty wysokobiałkowe (ser biały, mięso), warzywa.

Nie jem pieczywa (czasem się zdarzy chleb razowy na zakwasie, pieczywo chrupkie żytnie). Do przyrządzania potraw używam oliwy z oliwek i oleju rzepakowego z pierwszego tłoczenia (do zrobienia majonezu). Surówki przyprawiam sokiem z cytryny, świeżo mielonym pieprzem, cukrem brzozowym i oliwą z oliwek. Do sałaty dodatkowo wciskam ząbek czosnku. Do panierowania kotlecików mięsnych lub grzybowych używam płatków jaglanych i oczywiście jajka. Nie piję koktajli, nie jem zup (czasem skuszę się na barszcz z botwinki). Mleko i przetwory z mleka krowiego zastępuję produktami z mleka koziego lub jeżeli to możliwe, z mleka owczego (wyjątek – ser halloumi). Jem orzechy włoskie, brazylijskie, pestki dyni, słonecznika. Moje słodycze to gorzka czekolada, śliwki w czekoladzie, śliwki suszone, miód, daktyle. Z ciast tylko wspomniany piernik, szarlotka, tort makowy. Piekę sama, gotowców nie kupuję, mam po nich sensacje żołądkowe. Moje ulubione przepisy znajdziecie na kolejnych stronach.

Podczas zakupów, jak już mówiłam, zwracam uwagę, w co zapakowane są produkty. Staram się nie kupować jedzenia w plastiku. Jeżeli kupuję coś nowego, dokładnie czytam etykiety. Moje posiłki są proste i mało pracochłonne. Nie kombinuję, nie wydziwiam, a jem smacznie i zdrowo. Rzadko chodzę do restauracji, chyba że w celach towarzyskich. Jeśli muszę już coś zjeść w takich miejscach, stawiam na sałaty, ewentualnie dania z niewielką liczbą składników.

Mój piernik

Składniki:

jajka – 8 sztuk

cukier – 1 szklanka (ok. ⅔ szklanki plus ok. ⅓ szklanki na karmel)

masło 82% tłuszczu – 200 g

mąka orkiszowa pełnoziarnista – około ½ kg

miód spadziowy – 400 g

przyprawa do piernika – 1 opakowanie

cukier z wanilią (nie wanilinowy) – 1 opakowanie

skórka pomarańczowa – gotowana w cukrze (mojej produkcji)
    – 2 łyżki z górką

orzechy włoskie – 150 g

rodzynki królewskie lub śliwki suszone – 50 g

soda oczyszczona – 1 płaska łyżeczka

Zrobić karmel: ⅓ szklanki cukru topić w małym garnuszku, aż będzie ciemnobrązowy. Zdjąć z kuchenki i zalać wrzącą wodą (będzie pryskał, strzelał – radzę włożyć fartuch, nie fartuszek). Na chwilę postawić na kuchence, aż wymiesza się z wodą i trochę odparuje. Gorący karmel powinien mieć konsystencję oliwy. Odstawić, żeby przestygł.

Masło wyjąć wcześniej z lodówki, żeby było miękkie. Rozbić jajka, żółtka oddzielić od białek. Do żółtek dodać ⅔ (można mniej, tylko tyle, żeby żółtka się utarły) cukru i utrzeć mikserem. Dodać masło i dalej ucierać. Podczas ucierania dodawać kolejno: karmel, miód, przyprawę do piernika, cukier z wanilią, mąkę, sodę oczyszczoną, rodzynki (lub pokrojone śliwki suszone), skórkę pomarańczową i orzechy (orzechów proszę nie rozdrabniać).

Z białek ubić pianę na sztywno – pod koniec ubijania można dodać szczyptę sody oczyszczonej. Za pomocą drewnianej łyżki wmieszać delikatnie pianę w ciasto. Przełożyć do dwóch wąskich brytfanek wyłożonych papierem do pieczenia. Piec 1 godzinę 10 minut w temperaturze około 170 stopni – piekarnik ustawić na pieczenie tradycyjne, góra–dół.

Mój tort makowy

Składniki:

Ciasto:
mak – 1 szklanka
mleko – 1 szklanka
jajka – 8 sztuk
miód – 1 łyżka
cukier – ¾ szklanki
rum – 50 ml
bułka tarta, przesiana przez sitko
   – 5 łyżek
soda oczyszczona – szczypta
skórka pomarańczowa własnej
   produkcji – 1 łyżka

Krem:
masło 82% tłuszczu – 200 g
żółtka – 4 sztuki
cukier puder – 1 szklanka
kakao niskotłuszczowe – 5 łyżek
mleko – ⅛ l
koniak – 1 kieliszek
orzechy włoskie – do dekoracji

Przygotować ciasto: Mak ugotować w mleku, przekręcić przez maszynkę na drobnym sitku dwa razy. Z ośmiu żółtek i cukru ukręcić kogel-mogel. Na żółtka wyłożyć mak. Do maku dodać miód, skórkę pomarańczową, rum, bułkę tartą, na końcu wymieszać z pianą ubitą z ośmiu białek, dodać szczyptę sody oczyszczonej. Piec w tortownicy, około godziny.

Zrobić krem: Masło ubić na puszystą masę, dodać kogel-mogel (cztery żółtka i cukier puder). Kakao zagotować w mleku, studzić. Do masy z masłem i ukręconymi żółtkami dodawać małymi porcjami pozostałe składniki (kakao, koniak). Wszystko ubić. Za dużo koniaku może doprowadzić do zwarzenia się kremu.

Ostudzone ciasto przekroić na pół (w poziomie). Między jedną a drugą warstwę położyć krem. Resztą kremu posmarować górę i boki tortu. Udekorować orzechami.

16. PANDEMIA
– JAK ŻYĆ Z CHOROBĄ?

Wszyscy zapamiętamy 2020 rok. Dla wielu pandemia będzie przeżyciem pokoleniowym.

Dwudziestego piątego stycznia 2020 roku napisałam (nikt nie spodziewał się tego, co przyszło do nas z Wuhan): „Dziś pierwszy dzień Chińskiego Nowego Roku 2020 – Roku Szczura. Dawniej nie zwróciłabym uwagi na to święto, lecz to teraz ważny dla mnie kraj i ważne, co tam się dzieje. Moja córka mieszka w Hongkongu, w mieście pięknym, ciekawym, lecz z poważnymi problemami społecznymi. Do tego epidemia koronawirusa w mieście Wuhan. Wszystkiego najlepszego dla wszystkich mieszkańców Chin, tych rdzennych, jak i tych, którzy tam przyjechali żyć i pracować".

Gdy to pisałam, nie miałam pojęcia, jak pandemia zmieni nasze życie i w jakim strachu będziemy egzystowali od wiosny 2020 roku.

Dziewiętnastego marca 2020 roku w Calypso Fitness Club Adgar Ochota miał być dzień otwarty z wyjątkowym treningiem. Zaplanowano ćwiczenia dla osób po 60. roku życia.

Koronawirus pokrzyżował te plany. Najpierw została odwołana akcja „Seniorzy na siłownię", a potem zamknięto wszystkie siłownie. Wtedy wydawało się, że zaraz je otworzą…

Koronawirus atakował, a u mnie zaczął się remont łazienki, proza życia. Napisałam wówczas: „Teraz trudny czas dla wszystkich. Życzę Wam wszystkim, żebyście tego czasu nie marnowali. Ćwiczcie w domu, na dworze, biegajcie, wyciągnijcie rowery ze snu zimowego. Są rolki, są hulajnogi, nordic walking, są schody. Ruch jest potrzebny zawsze i wszędzie. Zachowujcie ostrożność w kontakcie z ludźmi".

Namawiałam ludzi, żeby ćwiczyli codziennie: „Nie zaniedbuj kondycji i sprawności, masz to wypracowane przez miesiące, a może lata. Dobra kondycja organizmu to lepsza odporność. Teraz nie pójdziesz na siłownię, nie pobiegasz w parku, teraz możesz ćwiczyć tylko w domu. Nie zważaj na to, że ciasno, że nie masz warunków. Włącz komputer, tablet, telefon. Znajdziesz odpowiednie dla siebie ćwiczenia. Ćwiczę codziennie, czasem w sypialni, czasem w przedpokoju! Nic bardziej mądrego w tej sytuacji nie umiem wymyślić. Podczas treningu skupiam się na sobie i daje mi to chwilę zapomnienia i radości. Cieszę się ja i cieszy się moje ciało. Ty też ćwicz codziennie! Codzienny trening chroni też

W czasie pandemii ćwiczyłam
codziennie. W Olchowcu mam
na poddaszu swoją małą siłownię.

Festiwal Jazz na Starówce. Pandemia czy nie
– jazzu warto słuchać. *I love jazz!*

przed stresem. Poranny trening to dobry dzień. Wieczorny
trening to dobry, spokojny sen".

Rok 2020 był dziwny, trudny. Wcześniej umówiliśmy
się z dzieciakami, że Wielkanoc spędzimy w Hiszpanii,

pojedziemy do Andaluzji. Czekała nas zmiana planów. Trudno było myśleć, że te święta spędzę tylko z mężem. Syn i synowa mieszkają 5 kilometrów od nas, a w dobie koronawirusa to odległość nie do przebycia. Postanowiliśmy, że tak będzie lepiej. Córka z mężem są jeszcze dalej – 8294 kilometry. Umówiliśmy się na spotkanie na Zoomie w samo południe w Niedzielę Wielkanocną. Było miło, ale inaczej. W sercu żal, poczucie niesprawiedliwości. Dwie godziny rozmów o rzeczywistości, o przyszłości, o tym, co niewiadome.

Musiałam wymyślić, jak prowadzić swoje media społecznościowe. Skoncentrowałam się na tym, żeby pisać do tych, którzy może gorzej niż ja znosili izolację: „Mam pytanie. Czy zwracasz uwagę na swoją wagę? Siedzisz teraz w domu. Masz zdecydowanie mniej ruchu. Były święta, okazja, żeby smacznie i więcej zjeść. W zasadzie to nic złego. Czy na pewno? Mówią – kilogram w górę, to nie ma znaczenia. Miną święta, szybko zrzucę. Przybył Ci kilogram? Święta to w zasadzie trzy dni. Już jest 5 dni po świętach. Kilogram został? To postaraj się, żeby zniknął. Popatrz na torebkę z 1 kg cukru. Tyle więcej masz tłuszczu na sobie. Dobrze Ci z tym? Pomyśl tylko, skończy się pandemia, kilogramy zostaną. Chcesz tego? Chyba nie! Zacznij mniej jeść, zmień dietę na niskokaloryczną, nie jedz słodyczy, nie używaj cukru. Ciasta – stop! Nie podjadaj między posiłkami. Jedz 5 razy dziennie małe porcje. Zadbaj, by podstawą Twojej diety były warzywa".

Pandemia zmieniła życie także w Olchowcu. Wyjechaliśmy tam najszybciej, jak mogliśmy. Uciekliśmy przed pandemią. To miejsce jest rzeczywiście bezpieczniejsze, ale całkiem uciec przed koronawirusem się nie da.

Latem nie było szans na tradycyjny wyjazd w góry. Wycieczki wysokogórskie były wtedy zabronione. Liczyłam jednak, że jesienią zakaz zniknie i będziemy mogli wyjechać choć w Tatry po słowackiej stronie. Dlatego dbałam o kondycję. Ćwiczyłam na świeżym powietrzu i na mojej siłowni na poddaszu, prawie codziennie wchodziłam na grzbiet Baraniego. Nie po to przez tyle lat pracowałam, by osiągnąć szczupłą, wysportowaną sylwetkę, żeby przez jakiegoś paskudnego wirusa wszystko stracić. Zamykałam oczy, dopingowałam się głośnym liczeniem powtórzeń i wyobrażałam sobie, że jestem na siłowni. Gdyby nie zestawy pandemiczne przygotowane przez mojego trenera, nie wiem, czy dałabym radę codziennie ćwiczyć.

Na Instagramie pisałam: „To nie jest tak, że trening ma być przyjemny. Przyjemnie ma być po treningu. Żeby poczuć wartość treningu, należy dać z siebie wszystko. Koniecznie trzeba się spocić, poczuć mięśnie, mieć wrażenie, że coś się w ciele zmienia. Dobry trening zmienia ciało, kształtuje sylwetkę. Męczysz się w czasie treningu, wydaje Ci się, że nie wytrzymasz, masz dość, a z treningu wychodzisz jak nowo narodzony. Szkoda czasu na byle jakie treningi. Pandemia, wakacje, brak trenera i siłowni spowodowały spadek mojego zaangażowania podczas ćwiczeń. Teraz trenuję codziennie z Justą mojego Mikołaja. To cudownie mieć obok siebie osobę, która ćwiczy na 100 procent swoich możliwości. Dzięki niej szybko doszłam do formy po chorobie. Trudno Ci się zmobilizować, znajdź partnera".

Przyszedł w końcu ten dzień, że moja noga stanęła na siłowni po kilkumiesięcznej przerwie. Była niedziela, czas na trening Body Workout. Intensywność treningu zależy od osoby, która go prowadzi, i od naszego zaangażowania. Ten pierwszy po izolacji był dość intensywny. Moje ciało poczuło to, czego od dawna potrzebowało. Byłam zadowolona, choć praca z nawet niewielkim obciążeniem była dużym wysiłkiem. Za przerwę w treningach trzeba zapłacić.

Kolejny zastój przyszedł, gdy liczba zachorowań przekroczyła 6000 przypadków dziennie. Wróciłam do trenowania w domu. Dla bezpieczeństwa.

Jaki był dla mnie ten czas pandemii? Na pewno był sprawdzianem, czy się nie poddam. Walka była bardziej zacięta niż zazwyczaj, bo motywację musiałam znaleźć w sobie. Przeszliśmy z mężem koronawirusa. Nie tak ciężko, bo się szczepiliśmy, ale znowu trzeba było walczyć o formę. Dziś wiem, że nie wolno się poddawać. Za każdym razem, gdy pojawia się przeszkoda, wyganiam z głowy myśl, że się nie da. Otóż da się. Zawsze dam radę!

17. LUBIĘ SIEBIE, MÓJ WIEK NIE MA ZNACZENIA

Moja córka, gdy zbliżały się jej trzydzieste urodziny, powiedziała, że ten dzień musi przespać, że nie będzie robiła imprezy urodzinowej. Bardzo mnie to zdziwiło. Agnieszka jest osobą mocno stąpającą po ziemi, nie buja w obłokach, sama planuje swoje życie, dba o siebie, ma superciekawą pracę, jeździ po świecie, cały czas się uczy. A tu się okazuje, że ma czas zastanawiać się nad takimi błahostkami jak kolejna dziesiątka życia. Co będzie, gdy zbliży się do wieku z końcówką „-dziesiąt"? Może do tego czasu dojrzeje i stwierdzi, że znaczenie ma nie liczba lat, lecz życie, jakie prowadzi.

Nie należy się bać, że przyjdzie czas, kiedy otoczenie będzie nas postrzegać jako osobę starszą. Mimo że mam mnóstwo zmarszczek, siwe włosy, 70 lat, sporadyczne bóle zwyrodniałych stawów, to samej siebie nie traktuję jako osoby w podeszłym wieku. Chcę żyć tak, jakbym nigdy nie miała się zestarzeć. Właściwie po co żyć inaczej? Nie można bać się starości. Czy jesteś stary, czy młody, zależy tylko od ciebie samego. Każdy wiek ma swoje zalety. Wolny czas, wolność zawodowa, dorosłe dzieci. Wykorzystaj ten czas dla siebie! Ciesz się życiem!

Na Instagramie napisałam: „Co to dla mnie znaczy być młodym. Starość to stan umysłu – powiedział Wang Deshun. Zgadzam się z tym – co więcej, twierdzę, że młodość to stan umysłu. Nie trzeba mieć pięknego ciała, można tak jak ja mieć zmarszczki, siwe włosy i być młodym. Jestem młoda, bo patrząc na siebie w lustrze, uśmiecham się. Lubię ludzi młodych i w ich towarzystwie czuję się dobrze, chodzę z przyjemnością na siłownię, uwielbiam szybko jeździć na rowerze, wchodzę do mojego mieszkania na ósmym piętrze po schodach, wędruję po górach, lubię pływać, lubię tańczyć. Zapuściłam siwe włosy i mam odwagę nosić je rozpuszczone. Lubię włożyć szpilki do dżinsów, lubię się opalać, choć to podobno nierozsądne. Co najważniejsze, lubię siebie teraz taką, jaką jestem. Nie ukrywam swojego wieku, a mam 70 lat. Cóż, lat sobie nie odejmę, a młodości nie oddam".

Jestem szczęśliwa. Mam tyle lat, ile mam. Do tego dobre zdrowie, emeryturę, jestem niezależna finansowo. Od ponad 40 lat mam tego samego męża. Od życia dostałam parę kopniaków, ale potrafiłam poradzić sobie z porażkami sama, bez pomocy rodziny czy przyjaciół. Nie liczyłam na

Dzień moich czterdziestych urodzin. Szef podczas składania mi życzeń powiedział: „Och, nie wiedziałem, że jesteś taka stara". Stara nie stara, dostałam od niego przepiękne kwiaty.

Pobyt w Olchowcu zawsze wspaniale wpływa na moje samopoczucie, tu najbardziej jestem sobą.

Jazda po ścieżkach rowerowych w Beskidzie Niskim. Czasem rower trzeba poprowadzić, nie zawsze da się nim pojechać.

Biwak w Górach Fogaraskich na wysokości ok. 2020 m n.p.m. Piękny poranek, warto rozruszać mięśnie przed dalszą drogą.

wielką karierę zawodową czy finansową. I tych sukcesów nie miałam. Wiem, że to szczęście, które teraz czuję, osiągnęłam własną pracą.

Teraz spokojnie mogę żyć według następujących zasad: przestrzegać diety, dbać o kondycję własnego ciała, spać minimum siedem godzin, unikać stresów i otaczać się pozytywnymi ludźmi.

Redakcja: Małgorzata Skowrońska

Korekta: Justyna Tomas, Beata Wójcik

Projekt graficzny okładki: Maciej Trzebiecki

Opracowanie graficzne, skład: Elżbieta Wastkowska, ProDesGraf

Fotoedycja: Agnieszka Żelazko

Przygotowanie zdjęć do druku: Łukasz Irzyk

Autorzy zdjęć: Małgorzata Popinigis (okładka); Kamil Piklikiewicz / Dzień Dobry TVN / EAST NEWS (78 dół); ForumGwiazd / Forum (93); Adam Stępień / Agencja Wyborcza.pl (99 dół); Karolina Wilczyńska / Mediocre (104, 107); materiały Bombshe (108); Wunsche & Samsel, Hair & Make Up: Anna Stykała (111); pozostałe zdjęcia: Andrzej Wielocha, Mikołaj Wielocha i archiwum prywatne Ireny Wielochy

Redaktor prowadząca: Maria Gładysz

Wydawnictwo Agora

ul. Czerska 8/10, 00-732 Warszawa

ISBN: 978-83-268-3781-4

Druk: Drukarnia OZGraf